온전한 포기

anything

What is
your
anything?

온전한 포기

초판 1쇄 인쇄 | 2014. 02. 15
초판 1쇄 발행 | 2014. 02. 28

지은이 | 제니 앨런 // 옮긴이 | 류지현 // 펴낸이 | 백도연 // 펴낸곳 | 도서출판 세움과비움
신고번호 | 제 2012-000230호 // 주소 | 서울 마포구 양화로16길 18(서교동)
Tel. 02-704-0494 Fax. 02-6442-0423 // seumbium@naver.com
편집 · 디자인 | 명상완

ISBN 978-89-98090-09-8 03230

값 12,000 원

anything

safe
comfortable
happy
……

하나님,
원하신다면 포기하겠습니다. 그것이 '무엇이라도'…

단순한, 그러나 쉽지 않은

온전한 포기

지은이 : 제니 앨런
옮긴이 : 류지현

세움과 비움
Seum&Bium

온전한 포기를 시작하며

무엇이라도 (my anything)

"하나님, 무엇이라도 하겠습니다. 그 무엇이라도."

2년 전, 여느 날과 다름없던 밤, 나와 잭은 잠자리에 누웠다. 둘 다 무척 피곤했지만 우리는 누워서 천장을 바라보며 하나님이 무어라 말씀하실까 기분 좋은 공상을 펼치고 있었다. 잭은 내 손을 잡고 지난 몇 개월 동안 진행된, 하지만 아직 말할 준비는 덜 된 일들에 대해 간단히 얘기했다.

하나님은 우리의 눈을 열어, 현재의 삶이 얼마나 소중하며, 우리가 그것을 얼마나 무심히 지나치고 있는지를 깨닫게 하셨다. 그리고 삶을 꾸려나가는 것과 집과 차, 예쁜 크리스마스카드에만 열중하고 있던 나에게 훨씬 큰 뭔가를 원하고 계시다는 느낌을 주셨다. 그러나 그 뭔가를 딱 집어 말할 수는 없었다. 그저 가슴속에서 강렬하게 불타오르는 느낌일 뿐이었다.

그동안은 하나님보다 중요한 게 너무 많았던 삶이었다. 하지만 이제는 무엇이든 할 준비가 돼 있었다. 그래서 함께 기도했다. 잭이 소리 내어 기도하는 동안, 나는 늘 그랬던 것처럼 간절히 마음속으로 아뢰었다.

"하나님, 무엇이라도(anything) 하겠습니다. 그 무엇이라도."

그 기도는 근사할 것도, 대단하달 것도 없었다. 하지만 무엇이든 하나님께서 원하시는 대로 포기할 것을 포기하고 드릴 것을 드리겠다는 약속이었다.

'무엇이라도.' 이 말은 하나님께 '모든 것'을 내어드리겠다는 고백이었다. 생각이 거기에 이르자 심장이 뛰었다.

차례

part 1

Everything keeping us from anything

온전한 포기를 방해하는 모든 것

이 책은 계시에 매달리지 않고 복음을 풀어나간다. 저자는 일상을 통해 우리의 마음과 연약하고 퇴색된 부분에 하나님의 말씀을 채워준다. 독자들은 복음에 기반한 은혜의 꽃밭에서 힘을 얻을 수 있게 된다. 그것은 복음 그 자체의 힘이기도 하다. 하지만 저자의 역할도 확실하게 드러난다.
한 발 물러선 관찰자가 아니라 차 한 잔 하자고 청하는 친구처럼 당신 마음을 열어 은혜를 부어주신다. 의자를 당기고 앉아 책을 읽으며 마음을 열어보라. 읽기 잘했다는 생각이 들 것이다.

조나단 돕슨 | Austin City Life 교회 목사, Gospel-Centered Discipleship 저자

::01

하나님에 대한 불신 버리기

"제니, 전화 끊으면 이리 오렴."

열여섯 살 때였다. 남자친구와 통화를 끝내고 가 보니 여동생 둘은 이미 식탁에 앉아 있었고 주방은 근사한 분위기로 꾸며져 있었다. 어머니는 크리스마스 때면 언제나 최고의 솜씨를 발휘하셨다. 음식이며 집안 장식이 꼭 잡지 속 한 장면처럼, 아니 오히려 그보다 훨씬 훌륭했다. 실제로 냄새를 맡고 느낄 수 있었으니 말이다. 크리스마스는 중요하며 따로 기념해야 할 날로 느껴지기에 충분했다. 식탁엔 반짝이는 초가 여러 개 놓여 있어 포근한 분위기를 더했다.

이제부터 무엇을 할지 난 알고 있었다. 매년 12월이면 주일 밤마다 해 왔던 것, 함께 앉아 찬양을 드리는 것이다. 우리 다섯 식구는 식탁에 둘러 앉아 제각각인 목소리로 찬양을 불렀다. 크리스마스에 대해 얘기하고 2천 년 전 그날 밤에 무슨 일이 있었는지에 대해 나눴다. 대강절은 예수님이 태어나신 달에 오직 그분께 초점을 맞춰 지키는 아름다운 전통이었다.

우리는 찬양하는 동안 초를 들고 있었다. 어느 해인가는 여동생이 촛불에 앞머리를 태워먹기도 했다. 그런 후 아버지는 이 땅에 오신 예수님에 대해 이야기를 해주셨고 그 이야기가 주는 교훈도 알려주셨다.

그날 밤의 아빠는 조금 긴장하신 듯 보였다. 일을 많이 하셔서 그런가 보다 했다. 그런데 지금 돌이켜 보면 아버지는 우리를 하나님께 드리는 데 최선을 다하고 계셨다는 걸 깨닫는다.

누군가를 하나님께 드린다는 건 무슨 말일까?

어린 시절 배웠던 노아의 방주와 삼손 이야기가 있다. 남을 험담한다거나, 아무나와 성관계를 갖지 말아야 한다는 식의 주일학교의 가르침도 있다. 하지만 어떻게 누군가를 하나님께 드릴 수 있을까?

나는 당시에 그것에 대해서 의문을 제기하지도, 주목하지도 않았다. 그냥 무덤덤했다.

솔직히 말해 나는 하나님에 대해 무덤덤한 사람이었다. 말씀과 찬양 곁에서 자라다 보면 그것들을 자연스럽게 받아들이게 된다. 예수님의 탄생에 대해 들으며 어린 시절을 보내면, 마치 산타클로스처럼, 하나님에 대해서도 설명하려고 노력하지 않게 된다. 내가 알아야 하는 것에 대해 스스로 어떻게 생각하는지 나는 잘 알고 있었다. 사람들이 그분에 대해 얘기하는 것을 바라볼 때 대부분은 별 느낌이 없었다. 정말 생생하게 느껴 본 기억이 없다.

사실 나는 하나님이 모형처럼 느껴졌다. 딱 벽난로 앞 조각상 같은 느낌이랄까.

어릴 적 생각엔, 마치 가족들이 조각상 주변을 돌며 조각상에게 말을 걸고 조각상에 대해 얘기하는 것처럼 보였다. 나에게 그분은 그저 조각상, 움직이지 않는 우리 집안의 모형일 뿐이었다. 그 자리에 쑤셔 박힌, 오래되고 무심한 우리의 조각상 하나님.

나만 그런가 싶어 다른 식구들도 살펴봤다. 나이가 좀 더 들어서는 다른 사람들의 머릿속을 들여다보려고도 해봤다. 하지만 모두들 모형 하나님을 섬기고 있는 것처럼 보이기만 했다.

하나님과 사랑에 빠지는 것은 내겐 뭐라 설명이 안 되는 개념이었다. 그것이 하나의 커다란 과정, 그러니까 구원이라는 길을 가고 있는 가운데 일부라는 사실을 지식적으로 알고는 있었다. 어릴 적 배운 교훈에 따르면 그랬다. 하지만 그런 개념들을 조각상에 연결시켜 실제로 사랑에 빠진다는 것은 도저히 상상할 수 없었다.

조각상은 돌아볼 수라도 있지, 그분은 눈에 보이지도 않는 존재였다. 어떻게 눈에 보이지 않는 누군가와 사랑에 빠질 수 있단 말인가.

나는 무언가, '진짜' 같은 느낌을 경험하고 싶었다. 생생하게 경험하고 싶었다. 하지만 하나님 같은 존재를 어떻게 실제로 느낄 수 있단 말인가? 그럴 수도, 그러지도 못하는 것 아닌가.

나는 순종적인 아이였다. 우리 가족은 마치 대본을 들고 각자 주어진 배역을 연기하는 배우들 같았다. 나 역시 내게 주어진 역할에 최대한 충실했다. 그게 내 평소의 모습이었다. 나는 화목한 가정, 훌륭한 교회, 좋은 학교에 속한 착한 소녀였다. 성적도 좋았고, 교우 관계도 좋았고, 결정도 올바로 잘 내렸다. 심지어 우리 가족이 기르는 개마저 착했다. 또한 나는 훌륭한 신자였다. 내 말은, 그럴 수밖에 없었다는 것이다.

조각상 하나님은 안전하다. 삶을 망치지도 않는다. 중요하지도 않다.

나는 말씀과 찬양을 듣고 부르며 7,338번이나 설교를 들어 왔다. 그러나 그게 전부였다. 하나님에 대해서는 아는 게 없었다. 나는 그곳에 계셨던 하나님, 진짜 하나님에 대한 기억이 없다. 물론 그분은 거기 계셨을 수도 있지만 나는 보지 못했다.

하나님 보는 것을 내 맘대로 할 순 없다. 어떤 방법으로, 언제, 그분을 정말 만나게 될 것인가 하는 것은 전적으로 그분의 재량이다. 내가 그분을 온전히 신뢰하기 전까지만 해도 하나님은 내 모든 삶에서 차라리 조각상으로 남는 편이 낫다고 생각했다.

조각상 하나님은 안전하다. 삶을 망치지도 않는다. 중요하지도 않다. 그저 당신이 계획하고 원하는 삶의 작은 틈에도 만족하고 안주한다. 특히 모든 것이 잘 되어 갈 땐 조각상만으로도 충분하다.

빨간불

불신은 무신론자나 불가지론자에게만 속한 것은 아니다. 불신은 기독교 안 곳곳에서도 발견된다. 모든 죄의 뿌리에는 우리가 하나님을 온전히 믿지 않는 불신이 자리 잡고 있다.

최근에 이 책을 쓰기로 하고 계약서를 작성할 무렵, 집으로 오는 길에 신호등 앞에 차를 세우고 있었다. 나는 내 삶을 하나님에 대해 얘기하고 글을 쓰는 데 헌신하려 하고 있었다. 그분이 진짜가 아니라면 모두가 낭비이거나 사기일 수 있는, 그런 믿음의 삶으로 들어가려 하고 있었던 것이다.

나는 천국, 천사, 지옥, 하늘에 계신 하나님과 이 땅에 오신 예수님을 그려 보았다. 그런데 모두 굉장히 비현실적인 것으로, 카풀이나 세탁, 휴가 같은 보통의 삶과는 동떨어진 것처럼 보였다. 빨간불 앞에서 믿음의 위기가 온 것 같았다.

그런 의문 속에서 내가 붙들고 있는 안전하고 소중한 모든 것들을 누군가가 벗겨내는 것을 느꼈다. 그런 후 내가 고통당할 때나 그분이 나를 이끌고 계심을 느낄 때, 내 영혼 속에 존재하던 부인

할 수 없는 하나님의 임재가 떠올랐다.

그것은 내 속사람을 변화시켰는데 내 노력의 결과는 분명 아니었다. 즉 모든 것은 분명 실재하는 영적 세계의 현실, 내 영혼의 소리였다.

파란불이 켜졌다. 마침내 믿음의 위기는 끝났다. 우리는 모든 것이 의심스러운 믿음의 위기를 언제든 만날 수 있다.

로라에게 닥친 믿음의 위기는 신호등의 빨간불보다 더 오래 지속됐다.

그녀의 목소리와 눈빛은 놀랄 만큼 심각했다.

"내가 믿는 게 뭔지 더 이상 모르겠어요. 심지어 내가 예수님을 믿고 있는지조차 확실치가 않아요."

로라는 우리 교회에 다니고 있는데다 진실하고 순수한 성품이어서 시간이 날 때마다 만나곤 했다. 로라는 나처럼 목사의 자녀였고, 결혼해서 둘째를 갖기 전까지 대학 선교회를 위해 일해 왔다. 사춘기 때도 나무랄 데 없이 착하고 규칙을 알고 자신의 역할을 잘 해내는 소녀였다. 그녀에게 하나님은 언제나 살아 계신 존재였다. 부모님께서 늘 그렇게 말해주셨기 때문이다.

하나님은 그렇게 그녀의 삶에서 큰 부분을 차지하고 있어서, 그분 없는 삶이 어떨지에 대해선 생각조차 해본 적이 없었다. 로라는 훌륭한 남편과 결혼해 두 아이를 낳고 열심히 교회를 다녔다. 그런데 지금 그녀는 모든 것에 대해 의심이 생긴 것이다. 하나님과 관련된 어느 것 하나라도 믿을 수 없게 되어 버렸다. 모두 다 실제로 존재하지 않는 것만 같았다.

로라는 그런 의문을 갖는 것 자체에 죄책감을 느꼈다. 어떻게 의문을 제기해야 할지도 몰랐다. 인생의 여러 현실적인 일들을 겪으며 의문은 커져만 갔다. 어떻게 해서 믿음을 갖게 되었는지, 자신의 믿음이 진실로 자신의 것인지, 그저 배운 대로 믿고 있었던 것은 아닌지 등등. 함께 이야기를 나누는 동안, 로라가 스스로 의문을 제시하고 해결하도록 격려하라는 하나님의 마음이 느껴졌다.

"로라, 하나님께서 당신의 질문에 답을 주실 거예요. 하지만 미루지는 마세요. 돌아가면 그분이 실제로 계시는지 아닌지 잘 생각해 보고 이제 결단하셔야 돼요."

그녀는 눈물을 흘렸다. 가족들이 어떻게 생각할지 두려웠고, 그녀가 사랑하는 모든 사람이 믿고 있는 하나님을 그녀가 믿지 못하게 됐을 때 삶이 어떻게 달라질지도 두려웠기 때문이다. 하지만 하나님께서는 이 착한 딸에게 당신과 씨름할 기회를 주신 것이나 다름없었다. 온 우주의 하나님은 사랑을 담아 말씀하시고 계셨다.

"괜찮단다. 내 딸아."

로라는 의심하고 있는 자신이 꼭 나약하고 절망적인 모습으로 고층 건물 꼭대기에 위태롭게 서 있는 것처럼 느껴졌다. 하나님은 그녀를 굳건하고 거대한 크레인으로 부드럽게 들어 올려 믿음의 벼랑 끝에서 내려다보게 하시는 것 같았다. 그녀는 전에 생각해보지 않았던 선택권과 미래의 비전들을 살펴봤다. 은혜로운 하나님은 그녀가 도약하도록 하셨고, 로라는 하나님이 그녀를 붙들고 계시는 것을 느끼면서 1년 간 해답을 찾으려 애쓰는 시간을 가졌다.

결과적으로 로라는 나와 함께 하나님께 모든 것을 드리게 됐고, 하나님은 그녀의 삶을 180도 바꾸어 놓으셨다. 그러나 로라를 위해 그분이 마련해주신 여정은 로라 자신의 결단으로 시작되어야만 했다. 하나님이 유일한 길인지 아닌지를 결정하는 결단 말이다. 그것이 불확실하다면 모든 것은 그저 소꿉놀이일 뿐이다.

보이지 않는 하나님

하나님을 믿지 않는다는 것은 결코 그냥 넘어갈 문제가 아니다. 불신은 우리가 고군분투하는 모든 장소에 기반을 두고 있다. 궁극적으로 믿음은 하나님께 속한 자와 버려진 자를 구분하는 기준이 되는 것이기에 믿지 않는다는 것은 심각한 문제다.

그러나 보통 우리는 하나님을 두려워하지 않는다. 또 하나님을 보려고도 하지 않는다. 그분을 의심하며 비하한다. 흔들리는 하찮은 존재로 만들기도 한다. 그러면서 우리 안에 생기는 하나님에 관한 의문을 그저 작고 변덕스러운 생각이라 치부하고 덮어 둔다.

저명한 복음주의 신학자였던 A.W. 토저는 자신의 저서에서 "우리가 하나님을 생각할 때 떠오르는 것들은 자신에 대한 가장 중요한 단서"[1]라고 썼다. 한 영혼이 하나님에 대해 어떻게 믿는지보다 더 그 영혼을 잘 정의할 수는 없다. 어떠한 외부 관찰자도 한 사람의 영혼에 무엇이 들었는지 알 수가 없다. 한 사람에 대한 가장 중요한 정보는 오직 그 영혼의 주인, 그 영혼을 창조한 존재에 의해서만 진실하게 정의될 수 있다. 다른 사람들은 그저 보이는 부분만 볼 뿐이다. 결국 하나님을 믿는 것이 우리를 가장 잘 아는 것이며 가장 중요한 것이다.

그분에 대해 아는 것은 그분에 대한 정보를 아는 것과 같다고 생각해 왔다. 신학교 강의실에서 미래의 목회자들과 함께 앉아 있었을 때, 난 항상 그 자리에 어울리지 않는다고 느꼈다. 내가 여자였기 때문일 수도 있고, 남들은 모두 필기를 하며 천계적 사관(역자 주: 역사를 신의 섭리라고 해석하는 사관)에 대해 논쟁하고 있는 동안, 나는 그저 그것을 분석하며 앉아 있었기 때문일 수도 있다.

내 앞에서 하나님이 해부되는 동안, 나는 동료 학생들을 둘러보며 생각했다. '네가 직접 들어본 적 있어? 너무 터무니없는 얘기라고.' 천사며 지옥, 우리가 예수님을 믿는 그 순간 우리의 영혼이 어떻게 바뀌는지 등에 대해 얘기할 때 나는 기절할 지경이었다. '이 봐, 진정들 해. 말도 안 되는 얘기야.'

어느 주말 호숫가에서 친한 친구가 어떻게 하나님을 알 수 있는지에 대한 질문을 던졌고 우리는 심도 깊은 대화를 나눴다. 하나님을 알 수 있는 유일한 방법은 성경을 읽는 것이라고 친구는 확신했다. 나도 같은 생각이었다. 성경 없이는 그분을 알 수 없다. 다른 모든 경험도 말씀에 기반을 두어야 한다.

성경이야말로 그분의 가장 확실한 계시다. 내가 하나님에 대해 알고 있는 모든 것의 근간이 바로 성경이다. 앞으로도 성경에 의지할 것이다. 그분의 말씀이 곧 성경임을 믿기 때문이다. 하지만 그것만으로는 너무 단순해 보인다. 인생의 경험과 친구들, 신앙생활, 예배, 책 등도 하나님과 더 가까워지도록, 그분을 알 수 있도록 돕는 것을 우린 알고 있다.

대학 수업에서 나는 이 문제를 내가 좋아하는 교수님께 질문했다. 그분의 대답은 하나님에 대한 새로운 시각을 열어 주었다. 교수님은 우리가 성장하고 하나님에 대해 할 수 있는 모든 방법을 열거하기 시작했다. 기도, 성경공부, 교회, 예배, 경험, 고난, 간증, 공동체 등등. 그런 후 설명을 덧붙였다.

“하지만 분명히 이것 중 하나만 하면 그분을 알 수 없습니다. 성경을 공부만 하는 사람들 대다수가 하나님을 절대 만나지 못하기도 하죠. 교회에 다니기만 하는 사람이 하나님을 절대 모르기도 하고요. 살아 계신 하나님을 100% 만나는 방법은 바로 모험입니다.”

강의실 전체가 혼란에 빠진 것 같았다. 학생들은 마음속으로 교수님이 언급한 내용에 맞아떨어지는 성경구절이 있는지 열심히 생각하고 있는 듯했다.

교수님은 이야기를 이어나갔다.

“모험하는 것은 기꺼이 여러분의 삶을 보이지 않는 하나님의 손에, 알 수 없는 미래에 맡기고 그분이 어떻게 역사하시는지 지켜보는 것입니다. 그렇게 살아갈 때 하나님은 내 삶 속에 살아 계시는 겁니다.”

학생들은 할 말을 잃었다. 하나님을 아는 것, 진짜 그분을 아는 것은 생각보다 훨씬 더 어려웠다. 하지만 만일 하나님이 살아 계시다면, 그분에 대해 알 만한 가치는 충분히 있었다. 그저 지식이 아닌, 그분과 함께 걷고, 그분께 의지하고, 온전히 그분의 손에 우리를 맡기는 방법. 그것은 분명 알고 싶고 알아야만 할 일이었다.

성경은 믿음의 사람들의 변화된 삶, 보이지 않는 것과 미래에 온전히 헌신했던 삶에 대해 설명하고 있다. 그들은 내가 만들어낸 안전하고 편안한 삶과는 완전히 다른 계획을 갖고 계신, 보이지 않는 하나님께 온전히 굴복한 삶을 살았다.

나는 그때까지 한 번도 생각해 보지 않았던 갈망을 느끼기 시작했다. 믿음이라는 것에 대한 갈망이었다. 무모한 믿음, 내가 그분

믿음이라는 것에 대한 갈망이었다. 무모한 믿음, 내가 그분을 필요로 하기 때문에 그분이 살아 계심을 믿어야 하는 그런 믿음, 온전히 굴복하고 순종하는 삶을 사는 믿음, 나의 편안함과 안전과 현실을 희생하는 믿음. 그 생각이 내 안에서 퍼져 나가며 심장 박동이 빨라졌다.

을 필요로 하기 때문에 그분이 살아 계심을 믿어야 하는 그런 믿음, 온전히 굴복하고 순종하는 삶을 사는 믿음, 나의 편안함과 안전과 현실을 희생하는 믿음. 그 생각이 내 안에서 퍼져 나가며 심장 박동이 빨라졌다.

그분께 온전히 의지하는 삶으로 나아가는 것, 안전하고 편안한 것들로부터 멀어지는 일은 내 믿음의 구멍들을 드러냈다. 하나님이 함께하시면 우리의 믿음은 확장될 것이다. 하나님이 인도하시는 대로 절벽에서 뛰어내리는 일은 하나님께 더 위대한 길로 우리를 이끄시는 기회를 드리는 것이다. 일단 뛰어내리면 벼랑 끝에서 안전하게 내려다보던 것과는 또 다른 관점으로 그분을 보게 허락하신다.

나무 십자가

예수님을 처음 만난 순간 나는 열일곱 살이었다. 그날 밤 나는 앉아서 나무 십자가를 올려다보고 있었다. 매년 카나쿡 캠프(역자주: 각종 참여활동 통해 복음을 전하는 기독교 여름캠프) 때면 나는 십자가 바로 앞에 앉았다. 캠프에 참여하는 5년 동안 나는 최소한 나무 십자가의 못 조각은 볼 수 있었다. 7월의 후덥지근한 밤, 캠프파이어가 타오르는 가운데 세 사람이 십자가에 매달려 있었다. 그날 우린 예수님이 육신을 떠나신 일을 재현하고 있었다.

바로 그날 밤 나는 예수님을 만났다. 나는 내 죄를 보았고, 그 죄가 그분을 저 위에 매달았다는 사실을 깨달았다. 내 죗값을 본 것이다. 또 그분의 자비를 보았고 내 마음은 요동쳤다. 예수님이 십자가에서 하신 일은 나를 사신 것이었다. 그분이 나 대신 돌아가셨고 나는 죽음을 면했다. 나의 모형 하나님은 깨졌고, 새롭고 흔들림 없는 하나님이 임재하셨다. 나는 그분을 실제로 느낄 수 있었다.

우리는 육신을 입고 있는 감정을 가진 피조물이다. 그래서 실제로 느끼기를 원한다. 따뜻하고 손에 잡히는 촉감, 심장 박동이 더 빨라지는 느낌을 원하는 것이다.

영화 타이타닉을 보러갔던 날의 느낌은 잊을 수가 없다. 영화가 상영되기 전부터 타이타닉에 대한 이야기는 이미 수차례 들어 잘 알고 있었다. 심지어 캠프에서 그 사고에 대한 재미있는 노래도 불렀다. 노래 가사엔 "우린 모두 깊은 바닷속으로 가라앉았다. 선장과 문어와 그리고 나도"라는 내용도 들어 있었다.

그러고 나서 영화를 봤다.

나는 이틀 동안 울었다. 다시는 바보 같은 그 노래도 부르지 않았다. 이야기가 생생하게 다가오면 마음속에 남는 법이다. 사실이 아니면 느껴지는 감정도 매우 얕다. 바보 같은 노래를 계속 할 수 있는 것이다.

그 후텁지근한 7월의 밤, 모든 것은 실제가 됐고 모든 것이 바뀌었다. 감정 없고 차가운 내 영혼은 손에 잡히는 것들, 혼란스럽지만 신뢰할 수 있는 것들로 가득 찼다. 살아 계신 하나님이 나를 구원하고, 나를 위해 길을 만들고, 나를 채우고, 내 삶을 사랑으로 가득 채우기 시작했다.

나는 예수님에 대해 특별히 심각하게 고민한 적이 없었다. 하지만 짧은 순간 그분은 내가 할 수 없는 일을 하셨다. 그 변화는 그 순간의 내 믿음의 깊이 덕분이 아니었다. 그것은 십자가였다. 내가 볼 수 없었던, 나를 구원하신 그분이 하신 일이었다.

한 순간 나는 자유롭고 평안했다. 그분이 움직이셨고 그분이 구원하셨다.

그 순간 하나님은 죽음을 생명으로 바꾸셨다. 내가 양초를 들고 찬양을 불렀던 모든 성탄절, 그 모든 이야기와 교훈들이 드디어 생명을 덧입었다. 그 모든 것들은 오직 하나님의 빛 아래서만 이해될 수 있는 것들이었다.

우린 그분을 믿은 후 자유해질 수 있고, 여전히 죄에 갇힌 채 살 수도 있다. 하나님은 나의 새로운 주인이었지만, 나는 어떻게 내 안의 오래된 것들을 정리해야 할지 몰랐다. 하나님에 대해 많이 알고 있었지만 나는 여전히 그분을 몰랐다. 그분이 나를 영원히 구원할 만큼 크고 위대한 분인 것을 믿었다. 하지만 그날 이후 그분이 내 일상에 개입해서 나를 이끄시고, 나를 변화시키실 정도로 위대하신 분임을 믿는 믿음으로 성장해야 했다.

그분은 살아 계셨고 나는 그분의 것이었다.

::02

선한 척하는 가식 버리기

어느 화창한 날, 나는 수업을 마치고 댈러스에 있는 집까지 운전해서 가는 길이었다. 학교에서 몇 블록을 달렸을 무렵 전화가 울렸다. 친한 친구 중 한 명인 캐스린이었다. 우린 함께 자랐지만 대학에 진학하면서 멀리 떨어지게 됐다. 1학년이 끝나갈 무렵 어느 아름다운 주일, 호수를 함께 드라이브한 게 마지막 추억이었다. 그때 난 귀에 익은 복음성가를 틀었고 친구는 하나님을 위한 삶을 살고 싶다며 울음을 터뜨렸다. 찬송 한 곡이 친구를 바꿔 놓은 것이다. 캐스린은 자신의 변화와 결심을 후회하지 않았다. 나는 캐스린처럼 성실하고 열정적이고 결단력 있는 사람을 좋아한다.

그 후 몇 년이 흘러 오랜만에 전화를 받았을 때도 그 친구는 울고 있었다.

"제니, 우리 아버지가 천국에 계실까?"

마음속에서 쿵 하는 소리가 느껴졌고 머릿속으론 답을 찾기 위해 부산하게 움직였다. 캐스린 아버지의 삶을 떠올리자 의문이 들었다.

캐스린의 아버지 마이크는 최근 심장마비로 돌아가셨다. 그분은 내가 아는 가장 활기차고 정신없는 사람이었다. 이혼한 뒤엔 교회보다 술집에서 더 자주 목격되곤 했다. 누가 봐도 신실한 교인의 모습은 아니었지만 언제나 활력이 넘치고 즐거움으로 가득 차 있었다. 주변에만 가도 그의 에너지를 느낄 수 있었다.

그는 만나는 누구와도 금세 친구가 됐다. 실제로 캐스린은 아버지가 돌아가신 후 동네 상점과 약국과 이발소를 들러야 했다. 아버지가 그분들과 친하게 지낸 것을 알고 있었기 때문이다. 그들에게 아버지의 부고를 알리지 않는다면 아버지가 어디 있는지 궁금해 할 터였다. 그분은 사랑받는 존재였다.

하지만 캐스린의 전화는 절망의 표현이었다. 자신의 아버지가 천국에 계신지 확신할 수 없었던 것이다. 생각하면 할수록 아버지의 행동은 더욱 파괴적으로만 보였다.

캐스린은 전화기 너머로 내 대답을 기다렸다. 나는 말을 멈추고 상처받은 친구를 위해 무엇을 말할지 기도로 간구했다.

하나님과 기독교에 대해 논쟁할 거리는 여럿이 있다. 하지만 우리가 모두 죄인이란 사실만은 예외다. 스스로 좋은 사람이라고 생각하는 사람은 많이 만나봤지만, 자신이 완전무결하다고 말하는 사람은 아무도 없다.

그렇다면 '선한 사람'이란 무슨 뜻일까? 동기가 선하고 좋은 일을 한다는 뜻일까? 혹은 따뜻한 초콜릿칩 쿠키처럼 달달한 성격의 사람들이란 뜻일까? 나는 '하나님이 나를 선하다고 하실까?'라고 자문할 때만 나의 진짜 모습에 대해 말한다는 느낌을 받는다.

좀 더 본질적인 수준에서 과연 우리는 스스로 생각하는 것만큼 선한 사람들일까?

좀 더 본질적인 수준에서 과연 우리는 스스로 생각하는 것만큼 선한 사람들일까?

성경을 많이 읽었지만 나는 뼛속 깊이 진실로 선한 사람이라는 느낌을 받은 적은 거의 없다. 그렇지만 대부분의 사람들처럼 스스로를 나쁘다고 인식하지도 않았고, 외적으로 보이는 행동으로 볼 때는 사람들의 존경을 구할 만하다고 생각하고 있었다. 하지만 나는 착한 일을 가장 많이 한 날에도 내가 진짜 선한 것과는 거리가 먼 사람이라는 것을 언제나 알고 있었다. 내 마음속에 있는 양면성이었다.

고매한 성품을 지니기 위해 어떻게 행동해야 하는지 배울 수는 있다. 하지만 내 행동이 상당히 진실한 동기에서 나온 것이라 할지라도, 하나님의 간섭이 없다면 나는 매일 매순간 이기적이고 잘난 척으로 똘똘 뭉친 사람이다. 마음 깊은 곳에서 잘난 사람, 중요한 사람처럼 보이고 싶기 때문에 다른 사람을 의식하면서 살아간다. 또한 남을 진심으로 용서하는 것도 불가능한 사람이다. 따라서 나에게 상처 준 사람을 진정으로 용서할 수 있는 것은 하나님의 위대한 기적 중 하나임에 틀림없다. 하지만 나는 그분이 실제로 힘이 없는 존재인 양 걱정하면서 온 우주를 다스리시는 위대한 하나님을 하찮은 존재로 만들어 버린다. 이런 연약함에 빠지는 사람은 나 혼자가 아니다.

무화과 잎으로 가리기

우주에서 일어나는 전쟁의 서사극은 매우 간단하다고 생각해왔다. 선과 악의 대결 구도라는 것 외에는 특별한 게 없으니까 말이다. 하지만 성경 속 전쟁을 읽어 보면, 심지어 세상이 창조된 첫날부터 굉장히 복잡한 양상을 띤다. 아담과 하와는 악을 선택했고, 자신들이 교회나 성경, 목사님의 교훈이 없는 세상으로 추락했다는 사실을 깨달았다. 그들은 직감적으로 하나님으로부터 도망쳐 무화과나무 잎으로 수치심과 알몸을 가리려 했다. 이 가식의 나뭇잎은 오늘날 우리가 종교, 도덕, 선함이라 부르는 그것과 같은 종류이다. 그들은 그저 자신들이 얼마나 악한지를 가리려고 했다. 이상하게 들리겠지만 종교, 도덕, 선함 역시 우리의 악함을 가리려는 노력에 불과하다고 생각할 수 있다.

나도 그런 적이 있고 지금도 그렇게 한다. 하나님은 피해가면서 꽤 성의 있고 눈에 보이는 도덕성으로 세상 사람들에게 좋은 인상을 심어준다. 이렇게 함으로써 인간적으로 느끼는 창피함으로부터 숨을 수 있고 겸손한 것처럼 보일 수도 있다. 그러나 사실 이런 상태는 자신이 하나님 없이 조난당한 상태임을 노골적으로 선언하는 것이다.

우리는 자신을 종교나 선행의 무화과 잎으로 덮기에 급급할 때가 많다.

우리는 자신을 종교나 선행의 무화과 잎으로 덮기에 급급할 때가 많다. 이것은 예수님이 선택한 가장 큰 싸움이자 지금까지도 우리의 가장 큰 문제다. 우리는 서로에게도 하나님에게도 그저 좋게 보일 수 있다고 생각한다. 정말 그럴 듯한 잎을 쌓아 올린다면 아무도 모를 것이라고 생각한다.

하지만 하나님은 분명히 아신다. 우리의 모든 선행과 악행은 마음에서 비롯된다. 아담과 하와 때부터 계시록에 묘사된 교회에 이르기까지, 하나님은 우리가 아무리 숨기더라도 사람의 내면을 훤히 보면서 말씀하고 계신다. 그분이 가장 중요하게 생각하는 부분은 바로 마음이다.

이 사실을 깨닫기까지 나도 한참 걸렸다. 왜냐하면 세상의 모든 것들은 정확히 정반대에 놓여 있기 때문이다. 우리는 자녀들이 태어난 그 순간부터 아이들의 행동과 업적을 놓고 판단한다. “착하구나.” 혹은 “우리 딸은 조용하고 잘 먹어요.”라는 식이다. 유치원 때부터 점수가 중요해진다. 아이들이 얌전히 행동하면 좋은 점수를 매기고 제 멋대로 행동하면 벌을 준다. 어른이 되면 업적에 따라 승진을 하거나 상을 받게 된다.

사람들은 모두 좀 더 잘 하기 위해 아등바등 산다.

이 세상의 모든 것은 전적으로 외적인 행동에 달려 있는 것처럼 보인다. 잘 하는 것이 중요하다. 솔직히 말해 외적인 업적과 행동이 우리가 신경 써야 할 전부가 되는 것이다. 보이지 않은 영혼과 생각, 동기와 감정에 대해선 신경 쓰지 않는다. 그저 추상적이고 만질 수 없는 영역일 뿐이라고 생각한다. 그런데 예수님께서 육신을 입고 이 세상에 오셔서 '잘 해야 인정받는' 우리의 체계에 고개를 저으셨다.

예수님은 가장 힘없고 연약한 사람들, 즉 외부적으로 보잘것없는 이들을 찾아가셨다. 사실 그분이 복음 전파에 힘썼던 사람들은 대부분 사회에서 죄인으로 낙인찍힌 사람들이었다. 예수님은 그들을 움직이고 치유하고 자랑했고, 죄인들도 그분을 사랑했다. 죄인들은 그분을 필요로 했다.

나 자신이 죄인보다는 예수님을 비난했던 사람들과 더 비슷하다는 생각이 처음 들었던 때가 기억난다. 나는 그때 마태복음을 읽고 있었다.

마 23:28 "이와 같이 너희도 겉으로는 사람에게 옳게 보이되 안으로는 외식과 불법이 가득하도다".

내가 바로 그렇다고 느껴졌다. 깊이 들여다보면 엉망인 상태. 다른 사람은 그 사실을 모르고 있어서 다행이었다.

나는 원래 예수님이 치유하셨던 죄인들처럼 납작 엎드리고 싶지 않았다. 그들과 다른 세계에 있다고 생각하고 싶었다. 밝게 빛나는 선의 세계에 머무르고 싶었고, 편하게 두 발로 서 있기 원했다. 그러나 점차 예수님의 말씀을 읽어 내려가면서 거부할 수 없는 부르심을 느꼈는데 그것은 엎드리라는 부르심이었다.

그래서 우리는 엎드리는 것을 피하고 커다란 무화과 잎을 선택해 자신을 가리는 것이다. 완전히 발가벗겨지는 무기력한 기분을 피하려는 것이다.

우리의 자만과 죄악을 목격하고, 선한 척을 그만두고, 비참하게 망가져서 예수님께 간절히 인도하심을 구하는 과정은 매우 힘들고 아프다. 그것을 다른 사람에게 드러낼 때는 더욱 그렇다. 그래서 우리는 엎드리는 것을 피하고 커다란 무화과 잎을 선택해 자신을 가리는 것이다. 완전히 발가벗겨지는 무기력한 기분을 피하려는 것이다. 바로 이런 관점이 인류가 하나님을 받아들이는 방식이었다. 우선 우리는 '신이 정말 존재하는가'를 묻는다. 다음으로는 '신이 정말 필요한가'를 묻는 것이다.

우리가 하나님을 감동시키려고 선한 행동을 하려고 노력한다. 그런데 그것이 오히려 우리를 그분에게서 멀어지게 하는 것이다.

새로운 손

나는 CCM 가수 마이클 건고의 '아름다운 것들'이란 노래를 좋아한다. 이 노래 가사엔 다음과 같은 구절이 있다. "하나님은 흙에서 아름다운 것들을 만드시네 우리를 통해 아름다운 것들을 만드시네."

하나님의 사람들은 언제나 그분에게서 도망치는 데 능숙했다. 예레미야도 그들 중 한 사람이다. 하나님은 예레미야를 사람들에게 보내, 그분이 살아 계시고 사람들이 그분을 필요로 하며 그분에게로 돌이키기 원하신다는 것을 말씀하고 싶어 하셨다. 그래서 그를 옹기장이의 집으로 보내셨다.

예레미야가 도착했을 때 옹기장이는 흠집이 난 진흙을 부수고 있었다. 예레미야가 지켜보니 옹기장이는 같은 진흙으로 완전히 새롭고 아름다운 그릇을 만들어냈다.

예레미야가 길을 나설 때 하나님은 이렇게 말씀하셨다.

렘 18:6 "이스라엘 족속아 이 토기장이가 하는 것 같이 내가 능히 너희에게 행하지 못하겠느냐 이스라엘 족속아 진흙이 토기장이의 손에 있음 같이 너희가 내 손에 있느니라".

예수님은 계속해서 연약한 사람들을 모으셨다. 간음죄로 잡혀 돌에 맞아 죽기 직전인 여인을 구하셨다. 또 영원한 심판에서 그 여인을 구하기 위해, 오늘날 우리에게도 들려주시는 그 말씀을 하셨다. "회개해라. 너는 선하지도 않고 괜찮지도 못하다. 내게 돌아와라. 너에겐 내가 필요하단다." 그분은 여인에게 말씀하신다.

요 8:11 "가서 다시는 죄를 범하지 말라". 예수님은 믿음으로 자신에게 나아오는 사람들에게 의로움을 요구하신다. 동시에 그분은 우리를 의롭게 만드시는 분이다.

자신의 죄를 인식하고 하나님을 필요로 하는 사람들은 아름답다. 하나님을 간절히 찾는 그 모습이 하나님께는 아름다운 것이다. 하나님은 그런 사람들에게 임하신다. 하나님이 죄인들과 만날 때마다 처음으로 말씀하신 것은 회개이다. 그분은 절망에 빠진 이들이 소망을 갖고 치유될 수 있다고 약속하셨다. 그들에게 길을 만들어주겠다고 약속하셨다. 그분은 모든 것을 다 가진 것처럼 보이는 종교적인 사람들, 오만과 겉치레의 죄악 앞에 놓인 사람들과도 가끔 만나셨다. 하지만 그들은 기회가 있어도 결코 회개하지 않았다. 예수님이 없어도 상관없다고 생각했다. 그들에겐 예수님이 필요 없었다.

몇 년 전 우리 가족은 샌안토니오에서 주말을 함께 보냈다. 하루는 해양테마공원에서, 다음날은 리버워크에서 시간을 보냈다. 주로 우리 두 살배기 딸을 쫓아다니며 안전하게 내 손을 꼭 잡고 있도록 하느라 진을 뺐다. 나는 툭하면 아이에게 이렇게 소리 질렀다. “캐롤라인, 엄마 손 안 잡으면 벌 줄 거야!” 나는 안전을 빌미로 아이 손과 그 애를 통제하고 싶었다.

당시 여덟 살이었던 큰아들 코너는 이 모든 것을 보고 있었다. 휴가가 끝나갈 무렵 캐롤라인은 유모차에 안전하게 앉아 있었고,

나는 마음 편하게 아들 손을 잡으려고 손을 뻗었다. 나는 그 애와 함께 걷고 싶었다. 하지만 아이는 손을 뒤로 뺐다.

지난 이틀 동안 엄마에게 손을 잡히는 게 어떤 뜻으로 비쳤을지 생각해 보니 그러는 이유가 짐작이 갔다. 싸움, 훈육, 지배…. 이제 아들아이는 엄마를 필요로 하지 않는 나이가 되고 있었다. 나는 리버워크 산책로에 무릎을 꿇고 앉아 아들 손을 잡고 부탁했다.

"엄마가 너를 사랑하니까, 내가 네 엄마니까 손을 좀 잡아주겠니?"

나는 아들에게 손을 잡는 것에 대해 다시 정의를 내려줘야 했다. 엄격한 훈육의 의미였던 손은 완전히 다른 것, 즉 관계라는 것을 설명해 줄 필요가 있었다. 내가 아들을 혼내고 통제하기를 원하기 때문이 아니라, 이제 겨우 여덟 살이고 내가 아들의 엄마이기 때문에 나를 사랑하고 필요로 하길 원한다고 했다.

하나님은 우리에게 본향이다. 우리가 속해 있는 곳이다. 우리가 향해야 할 곳이다. 그러나 우리는 스스로 선해지고 독립적이 되려고 노력하는 과정에서 그 모든 것을 잊어버린다.

하나님도 우리가 그분을 필요로 한다는 것을 깨닫기 원하시며 우리에게 손을 내미신다. 그런데 우리는 그분이 하나님이시기 때문에 우리가 노래하고 춤을 추기 원한다고, 뭔가 바뀐 행동을 원한다고 우리는 생각한다. 하지만 그분은 그냥 우리를 원하신다. 우리가 자유하기를 원하신다. 무엇보다 그분은 우리 자체를 원하신다.

하나님은 우리에게 본향이다. 우리가 속해 있는 곳이다. 우리가 향해야 할 곳이다. 그러나 우리는 스스로 선해지고 독립적이 되려고 노력하는 과정에서 그 모든 것을 잊어버린다.

선한 척하는 행동은 하나님이 우리 삶에서 역사하시는 모든 것을 중단시킨다. 율법주의나 종교는 우리 자신을 부풀려 더 나은 사람인 것처럼 느끼도록 하며, 잘난 척하면서 남을 정죄하고 판단하는 자리로 몰고 간다. 사람들은 대부분 그런 것을 좋아한다. 그런 방식으로 살아가는 건 꽤나 기분 좋다. 엄마 손을 놓아버리면 뭔가 어른이 된 것 같고 멋지게 보이는 것 같기도 하다. 하나님을 필요로 하고 싶지 않은 것과 같은 것이다.

이마의 얼룩자국

이제 막 감옥에서 출소한 사람들이 사회 복귀를 위해 훈련받는 시설에 방문한 적이 있다. 크리스마스 무렵이어서 사람들은 의미 있는 선물을 가져와서 서로 교환하며 함께 뜯어봤다. 나는 뭘 받게 될지 몰랐지만 마음이 따뜻해졌다.

다 해진 셔츠를 입은 노인은 레모네이드를 열심히 마시다가 과자를 꺼내 접시 위에 올려놓았다. 어떤 사람은 마치 대통령을 반기듯 환한 미소로 우리를 맞아주었다. 당시 나는 베이비시터, 카풀, 크리스마스 선물 등의 문제로 씨름하고 있는 중이어서 짜증이

난 상태였지만, 이 겸손한 사람들을 만나니 맥박이 느려지면서 다른 것은 아무것도 생각나지 않았다.

우리는 둘러앉아 교제를 나눴고, 사람들은 자신의 인생 이야기를 짤막하게 들려줬다. 눈물과 진정한 주인의식으로 사람들은 각자 자신의 연약함과 실수를 고백했다. 사랑하는 이들에게 입힌 상처로 가슴 아파했고 예수님 때문에 용서받았다는 고백을 쏟아냈다. 어떠한 겉치레나 과장도 없었다. 예수님은 절망적인 삶으로 들어가 그들을 회복하셨다. 그들은 평안함으로 고백했고 다시 소망을 갖게 됐다는 사실이 느껴졌다.

나도 죄의 결과로부터 회복된 그들처럼 되고 싶었다. 그들처럼 하나님을 필요로 하고 절박함을 느끼고 투명하고 싶었다. 그들은 이미 다 드러나고 잡혀 있는 것 같았다. 이마에 '절망'이란 단어가 쓰여 있어 잘난 척할 필요가 없는 것처럼 말이다. 바로 그 점이 그들에게 자유를 주었다. 그 사실 때문에 자기 자신이 아닌 하나님이 영웅이 된 것이다.

그 사실이 내 영혼 속에서 울림이 되어 퍼졌다. 세 아이의 엄마요 목사의 아내로 출소자들과 만나고 있지만, 나 역시 이마에 '절망'이란 단어로 귀결될 수밖에 없는 인간인 것이다. 다만 어른이 되어 가면서 이마의 표식을 감추는 법을 배우게 되었을 뿐이고 여전히 똑바로 앉아서 선한 척하고 있는 것이다.

하지만 하나님 앞에서 나는 이 출소자들과 다르지 않다. 내 이마는 깨끗하지만 영혼은 그렇지 못하다. 그날 지친 출소자들과 낡은 소파에 앉아서, 내가 소중히 생각하는 가치와 내가 좋아하는 사람들이 누구인지 다시 생각했다. 그리고 나보다는 상처받은 그들을 통해 하나님이 더 빛나신다는 사실을 깨달았다.

우리는 모두 커다란 무화가 나뭇잎으로 자신을 가리며 살아간다. 하지만 하나님은 말씀하신다.

> 나보다는 상처받은 그들을 통해 하나님이 더 빛나신다는 사실을 깨달았다.

요 11:25, 1:8 "이제 그만해도 된다. 내가 더 좋은 덮개가 돼 줄게. 네가 숨기고 있는 모든 죄에 대해 내가 값을 치렀단다. 하지만 네가 그 나뭇잎을 버려야만 한단다. 네가 나를 필요로 한다는 사실을 보려면 부끄러움을 감수해야 하는 거란다."

아이러니한 것은 예수님은 죄인들을 위해 피를 흘리셨고 그것은 죄인들을 가장 선한 사람으로 만들었다. 그 사실이 놀랍고 아름다운 것이다.

고개를 숙이고

우린 모두 고개를 숙이고 싶어 하지 않는다. 은혜의 위대한 증거를 보기 원하지만 스스로가 그 증거가 되고 싶지는 않아 한다.

내가 아무리 밝고 빛나도 나는 죄와 자만으로 가득 찬 사람이다. 바리새인들처럼 자만과 오만에 가득 차 살아온 나는 결국 고개를 숙이고 울음을 터뜨리게 된다. 실제로 나는 고개를 숙이는 방법을 수도 없이 배워 왔다. 속으로 원하지 않아도 더 이상 괜찮은 척할 수 없을 때 고개를 숙인다. 그럴 때 예수님을 만난다. 그분은 머리를 들어 내 자만심을 보게 하신다.

자신의 삶이 얼마나 엉망이었건 누구나 천국에 갈 수 있다. 마찬가지로 자신의 삶이 얼마나 근사했건 천국에 들어가지 못할 수도 있다.

친구 캐스린이 전화를 걸어 쉽게 남을 정죄하던 아버지 문제를 상의했다. 하나님이 나에게 무얼 원하시는지 분명치가 않았다. 우린 교훈과 찬송, 설교와 도덕으로 주변 사람들을 정죄한다. 하지만 그런 모든 수단들을 벗겨내 버리면 우리에게 필요한 것은 단 하나 남는다. 바로 하나님이시다.

자신의 삶이 얼마나 엉망이었건 누구나 천국에 갈 수 있다. 마찬가지로 자신의 삶이 얼마나 근사했건 천국에 들어가지 못할 수도 있다.

친구에게 대답해야만 했다.

"있잖아, 캐스린. 우리를 구원하시는 분은 예수님이야. 이 땅에서 우리의 행동은 사실 모두가 비슷해. 하나님이 없이는 모두 절망적인 상태인 거야. 자신의 죄를 좀 더 그럴싸하게 포장할 뿐인 거지. 천국에 가면 우리가 기대도 못한 사람들을 만나게 될 거야. 하나님은 눈에 보이지 않는 마음을 움직이시고, 네 아버지가 교회에 다니지 않았거나 결혼생활이 훌륭하지 않았더라도, 하나님께 다가오는 모든 사람들에게 부어주시는 은혜가 있어. 네 아버지가 예수님을 아셨니?”

캐스린은 아버지 생전에 예수님과의 관계를 물어본 적이 없었다. 그날 밤 캐스린은 무릎을 꿇고 앉아 하나님께 자신의 아버지가 천국에 있는지 보여 달라고 기도했다. 친구는 너무도 간절하게 명백한 증거를 보여 달라고 기도했다.

이후 캐스린은 평생 깊은 대화를 나눠 본 적이 없는 고모가 전화를 건 사건을 나에게 이야기해줬다. 한밤중에 어떤 음성이 자신을 깨워 캐스린의 아버지가 몇 년 전 예수님께 마음을 드렸다는 것을 알려줬다는 것이었다. 그날은 캐스린의 시아버지이자 사돈이 천국으로 간 날이었다. 사실 그 무렵부터 캐스린의 아버지가 변했다는 것은 모두가 인정했다. 완벽하지도, 훌륭하지도, 겉으로 드러나지도 않았지만 뭔가 깊이 변화됐다는 것을 알고는 있었는데 고모님이 확인하듯 전해준 것이다.

아버지의 사랑 깊어라
얼마나 넓은지 측량할 길 없네
그분은 독생자를 보내셔야 했네
죄인을 그분의 자녀로 삼으시려

나 자랑할 것 무언가
은사도 능력도 지혜도 없네
오직 예수 그리스도

그분의 십자가와 부활뿐

그 은혜 어찌 주시는지
나는 알 수 없어라
내가 아는 오직 한 가지
그분이 내 죄 값으셨네[2)]

은혜는 무서울 정도로 이상하다. 척 스윈돌의 '은혜의 각성'을 읽으며 온 몸이 떨려왔던 때가 기억난다. 은혜의 의미를 비로소 이해한 것이다.

"은혜는 당신이 줄 것도, 받을 것도, 값을 지불할 것도 없다는 것을 말해준다. 하려고 해도 할 수 없다. 구원은 거저 주어진 선물이다. 공짜인 것이다. 예수님이 주시는 것을 받기만 하면 된다. 그걸로 끝이다. 그럼에도 이단의 교리는 계속해서 세상에 퍼질 것이다. 오히려 더 강력해질 것이다. 사람들의 교만이 그만큼 강력하기 때문이다. 사람들은 옳다고 믿기 위해 무언가를 한다. 아주 귀한 것은 절대 공짜로 주어지지 않는다고 생각하기 때문이다."[3)]

구원에 관해서는 하나님만이 일을 하시며 인간 편에서 할 수 있는 것은 아무것도 없다. 그분은 독생자를 희생하시고 모든 죄를 아들에게 지우셨다. 어떠한 죄도 예외가 없다. 하나님은 모든 인간의 모든 죄에 대한 값을 치르신 것이다. 살인, 성적인 죄, 교만, 우상, 험담, 모략 등 모든 죄가 예수님께 달려와 용서를 빌기만 하면 사해진다.

구원에 관해서는 하나님만이 일을 하시며 인간 편에서 할 수 있는 것은 아무것도 없다.

하나님으로부터 멀어진 죄수들뿐 아니라 설교가 끝나면 어디로 점심을 먹으러 갈까를 생각하는 우리들도 포함된다.

"나 자랑할 것 무언가."

나는 점점 내 이마에 나타나는 신호에 적응해 가고 있다.

내 이마에는 이렇게 적혀 있다:

'나는 완전히 절망적인 상태입니다. 나의 유일한 희망은 나의 예수님입니다.'

저자 제니 앨런은 비전의 사람이자 좋은 친구이고 예수님의 제자이다. 개인적으로 여성에게서 이 세 가지 외에 더 좋은 것을 생각해 낼 수 없다. 나는 이 책을 처음부터 끝까지 너무나 좋아한다. 책을 읽는 내내 교회와 개인의 마음에 영향을 끼치는 한 단어의 기도를 묵상했다. 나는 하나님을 위해 '무엇이든' 하겠다고 기도할 수 있는 사람이 되고 싶다. 하나님이 우리에게 무엇을 원하시는지 생각하며 하나님을 좇는 저자의 방식은 정말 귀하고 경이롭다. 종이에 적힌 활자에 불과하지만 모든 것을 변화시킬 수 있는 인생의 선택이다. 여러분도 참여할 준비가 돼 있는가.

앤지 스미스 | Women of Faith 대변인, I Will Carry You an What Women Fear의 저자

::03

감추고 싶은 수치심과 두려움 버리기

나는 학교에서 절대 발표하지 않는 아이였다. 주목받는 것이 부담스러웠다. 언제나 나는 분홍색 핀으로 금발머리를 양 갈래로 묶고, 무릎까지 오는 흰 타이즈에 무지개가 그려진 푸른색 찍찍이 운동화를 신었다. 나는 그 운동화가 마음에 들었다. 리드 선생님은 내가 겪어 본 가장 무자비한 선생님이었다. 다른 선생님들은 우리가 특별히 말하지 않아도 잘 안아주고 우리를 이해하기 위해 노력하는 것 같았다.

리드 선생님의 2학년 교실 벽에는 스머프 인형이 놓여 있었는데, 흰 모자마다 반 학생들의 이름이 적혀 있었다. 배에는 지압 단추가 세 개씩 있었는데 실제 스머프들에겐 없는 것이었다.

장난꾸러기 남자아이들이 리드 선생님에게 걸리면, 다른 아이들 앞에서 스머프를 고통스럽게 밟아 단추를 떼어내야 했다. 첫 번째 단추의 대가는 휴식시간 5분이었다. 정확히 기억은 안 나지만 단 추 세 개가 다 떨어지면 옷장 안에 갇히는 것과 맞먹는 무서운 벌을 받아야 했다.

한 번은 내 남자친구가 되고 싶어 했던 브렌트가 대각선 뒤에 앉아 책상 밑에서 발로 나를 찼다. 나도 그 애를 차주고 그만 하라고 소리쳤다.

리드 선생님은 보고 있던 책에서 눈을 들어 말했다.

“제니, 단추 갖고 와.”

갑자기 교실이 빙글빙글 돌기 시작했다. 처음 당하는 일이었다. 그런 일이 나에게 일어나리라고는 생각도 못했었다. 나는 모두가 지켜보는 가운데 자리에서 일어나 스머프를 고통스럽게 밟기 시작했다.

쉬는 시간이 됐다. 반 친구들이 줄지어 나갔지만 나는 내 자리에 꼼짝없이 앉아 영원 같은 5분을 보냈다. 의자 밑으로 숨고 싶었다. 리드 선생님은 시험지를 채점하고 있었고 나를 쳐다보지도 않았다. 선생님이 나에게 너무나 실망한 나머지 더 이상 아는 체하지 않으리라 생각했다. 열도 나는 것 같았다. 이상한 병균이 온 몸으로 퍼지는 것 같았다.

그런 느낌은 그 후로도 종종 왔다. 부끄러움이 나를 가득 채우는 그 느낌은 은혜를 붙잡고 사는 지금도 종종 느껴진다.

무거운 짐

온갖 것이 하나님으로부터 우리를 멀어지게 한다. 그분과 특별히 가깝게 살아가는 듯 보이는 사람들도 실은 그렇지 않다. 물론 때로는 그분과 아주 가까워지기도 하지만 그렇지 않은 때가 훨씬 많다. 우리는 모든 일에 언제나 그분을 필요로 하고, 우리 삶의 모든 면에서 그분을 신뢰하게 되어 있다. 하지만 죄가 하나님과 우리 사이를 멀어지게 한다.

우리는 죄가 하나님과의 관계에 어떤 영향을 미치는지 크게 신경 쓰지 않는다. 심지어 그분도 심각하게 생각하지 않거나, 우리 죄를 눈감아 주시겠거니 생각할 때도 있다.

우리가 구원을 받는 그 순간부터 영적인 것들이 우리 안에서 일하기 시작해, 우리가 생각하고 살아온 방식에 제동을 걸게 된다. 죄는 우리와 싸우는 것이기 때문에 혐오스럽게 여기게 되고 우리는 간절히 하나님을 갈망하게 된다. 이것은 우리가 믿음의 사람이라는 증거다.

만일 하나님에 대한 갈망이나 죄에 대한 혐오감이 없다면 우리가 진정한 믿음의 사람인지 의심해 봐야 한다. 그분은 우리가 살아 계신 하나님의 자

때로는 그분과 아주 가까워지기도 하지만 그렇지 않은 때가 훨씬 많다. 우리는 모든 일에 언제나 그분을 필요로 하고, 우리 삶의 모든 면에서 그분을 신뢰하게 되어 있다. 하지만 죄가 하나님과 우리 사이를 멀어지게 한다.

녀로서 각종 얽매임에서, 우리의 죄에서, 무거운 수치심에서 자유롭게 되기를 원하신다.

우리는 갇혀 사는 것에 만족할 때가 많다. 나 자신도 그랬고 전화기 너머로도, 사람들 눈에서도 그런 것을 느낄 때가 많다. 수치심에 압도되면 나는 마치 스머프 인형의 단추를 떼어내야 했던 그날로 다시 돌아가는 것만 같다.

어떻게 수치심과 은혜, 신성함이 뒤섞이는 내 삶 속에서 모든 것을 용서하시는 하나님을 만날 수 있을까?

하나님이 우리에게 은혜를 주실 때 그분은 우리에게서 무언가를 가져가시는데 그것은 우리 삶의 통제권이다.

나는 인간의 가장 수치스러운 부분을, 특히 교회에서는 내놓을 수 없다고 생각하면서 살아왔다. 하지만 은혜가 사실이라면 그렇지 않아야 한다. 은혜가 있는 곳은 우리의 인간성을 드러내기에 가장 안전한 곳이다. 그러나 사람들은 대부분 그렇게 생각하지 않는다. 그래서 가장 수치스러운 부분을 공개하지 못한다.

결국 복음의 은혜는 내 안의 자존심과 싸움이 붙는다. 하나님이 우리에게 은혜를 주실 때 그분은 우리에게서 무언가를 가져가시는데 그것은 우리 삶의 통제권이다. 태어날 때부터 은혜에 대해 노래까지 하면서 자라더라도 너무도 많은 사람들이 은혜 안에 살고 있지 않다.

우리는 하나님의 은혜로 인해서가 아닌 스스로 괜찮다고 느끼기를 원하기 때문이다. 사다리를 타고 올라가 그 위에서 다른 사람들이 긍정의 의미로 고개를 끄덕이고 미소를 지으면서 "너는 좋은 것을 받을 자격이 충분히 있는 사람이지."라고 얘기해주길 바라는 것이다. 성매매 여성이나 방금 감옥에서 출소한 사람들처럼 정말 나쁜 죄를 지었다면 은혜는 최고의 선물이 되겠지만 스머프 인형의 단추가 그대로 달려 있는 나름 착한 아이들에게는 하나님이란 간절히 원할 대상이 되지 못한다.

그러나 진정한 은혜는 자기의 통제권을 무너뜨려야만 깨달을 수 있다. 내가 통제권을 포기했을 때 얻게 되는 그것은 내가 통제할 때 느끼는 것과는 비교도 할 수 없이 엄청난 것이다.

내부의 닻

헤더는 '난 당신과 얘기할 자격이 없어요.'라고 말하는 그런 눈빛을 가지고 있었다. 그런 감정을 숨기고 그녀는 사람들을 밀어냈다. 나 역시 몇 번인가 밀어내려고 했다. 나는 헤더가 나를 밀어내려는 것을 알면서도, 그녀가 두려워하는 것이 무엇이든 이겨내라고 말했다.

몇 년 동안 헤더와 더 가까워졌지만, 그녀의 차갑고 거친 태도 안에 숨겨진 것이 무엇인지 알 수 없었다.

그러던 어느 날 헤더가 고개를 숙이고 나를 찾아왔다. 할 얘기가 있다고 했다. 그녀는 대학 때 유산한 적이 있는데 마침내 그 어두운 터널에서 나왔다는 것이었다. 그리고 몇 주 전에야 그 사실을 고백할 수 있었다고 했다. 이제 가까운 친구들에게도 털어놓으려 하고 있었다.

나는 그녀 눈을 바로 보지 않았다. 대신 얘기를 들었다. 그녀에게 사랑한다고 말하며, 무엇을 말하든 내 사랑은 변함이 없을 것이라고 했다. 또한 그것이 얼마나 충격적이든 하나님의 은혜는 그것을 다 덮고도 남음이 있다고 말했다. 하지만 잠깐 봤던 그녀의 눈에는 나를 불신하는 눈빛이 담겨 있음을 느꼈다.

깊은 수치심이 그녀 안에서 닻을 내리고 있었다. 헤더는 그것을 홀로 지고 만일 누군가 그 사실을 안다면 모든 게 뒤집힐 것이라는 두려움에 떨고 있었다.

비록 겉으로는 밝고 반짝반짝 빛나 보이는 사람이라 할지라도 속으로는 이런 수치심을 느끼는 경우가 있다. 아마 거의 모든 사람이 그럴 것이다. 스스로 좋은 사람이라 자부해도 우리 깊은 곳에서는 실제로 우리가 그런 사람이 아니라는 걸 알고 있다. 모든 좋은 것 아래에는 우리를 당황하게 하는 어두움이 자리 잡고 있는 것이다.

바울은 말했다. 롬 7:18 "내 속 곧 내 육신에 선한 것이 거하지 아니하는 줄을 아노니 원함은 내게 있으나 선을 행하는 것은 없노라".

만일 우리 안에 선한 것이 아무 것도 없다면 선하다는 기준은 무엇이 되어야 하는 것일까? 또 우리가 모두 악하다면 우리는 서로 보며 안심할 수 있어야 할 것이다. 하지만 우리는 안전하게 느끼지도 못하고 실제로 안전하지도 않다. 사람들은 예수님을 믿는 사람들을 더 가혹하게 판단한다.

하나님이 나의 죄, 나의 허물, 그 밖의 밝히기 불편한 모든 것들을 보고 계시다는 사실을 너무나 잘 안다.

하나님과 단 둘이 있게 되었을 때, 짧은 기도나 성경 묵상이 아니라 하나님을 진실로 만나게 되었을 때 나는 종종 다른 곳으로 도망치고 싶어진다. 다른 사람들도 그럴 때가 있는 것 같다. 하나님이 나의 죄, 나의 허물, 그 밖의 밝히기 불편한 모든 것들을 보고 계시다는 사실을 너무나 잘 안다. 가끔 그렇게 느껴질 땐 짧게 기도하고 성경구절을 읽은 뒤 내 갈 길을 간다. 내 속에서 나는 간음과 살인을 저지른 다윗 왕인 것이다.

시 32:3,4 "내가 입을 열지 아니할 때에 종일 신음하므로 내 뼈가 쇠하였도다 주의 손이 주야로 나를 누르시오니 내 진액이 빠져서 여름 가뭄에 마름 같이 되었나이다".

죄의 무게는 우리의 뼈도 상하게 한다.

그러나 내가 잘못 접근하고 있는 것일 수도 있다. 스머프 인형의 단추를 떼어내고 난 후에 느끼는 감정이나, 친구가 가장 어두운 비밀을 내게 말했을 때의 그 느낌, 혹은 하나님 앞에 섰을 때 도망가고 싶은 그런 감정들이 어쩌면 모두 잘못된 반응일 수 있는 것이다.

이 글을 읽고 있는 사람들 모두가 어떤 면에서는 고장 나고 불완전한 상태일 것이다. 과거에 받은 상처, 혹은 우리의 잘못, 아니면 지구상에 존재하는 슬픔에서 오는 불완전함들. 우리는 그렇게 늘 불완전함 속에 존재한다.

그래서 하나님을 만날 때 느끼는 감정이나 변화는 확실하게 정의해 놓아야 한다. 그렇지 않으면 하나님으로부터 계속 도망가려 할 것이기 때문이다.

무게란 무엇을 위해서 계획된 것일까? 하나님은 우주를 창조하시고 그 법칙대로 돌아가게 하셨다. 무게라는 것 역시 목적이 있다. 무게가 없는 것은 증발한다. 무게가 없는 것은 위로 올라간다.

무게는 물체를 지구에 붙들어 준다. 죄의 무게도 물리적인 무게와 같은 목적일 수 있다.

내가 소파에 앉아 성경을 읽을 때 하나님과 함께하고 싶은 느낌을 차단하고 싶게 만든다.

내 죄의 무게는 나의 높고 우뚝 솟은 자존심이 유지되는 곳으로부터 나를 끌고 내려온다. 누구나 스스로에 대해서 자부심을 갖는 것을 좋아한다. 나 역시 영적으로 마비된 높은 곳이 예수님과 분리되었다는 것으로 인해 절망 속에서 눈물을 흘리는 장소보다 더 좋다. 그저 균형 잡히고, 예쁘고 행복한 사람이 되고 싶다. 그런 여자가 되고 싶다.

죄? 죄가 있지만 죄라는 것에 대해서는 신경조차 쓰고 싶지 않다. 때문에 독선적으로 살아간다.

죄의 무게는 나를 계속 파괴하고 끌어내린다. 죄를 해결하기 위해 예수님이 정말 필요하지만 죄는 그렇다는 사실을 깨닫지도 못하게 만들어 버린다. 그렇게 되면 그분께 가지 않게 될 것이다. 은혜가 약속된 바로 그 자리가 비난받는 자리로만 느껴지기 때문이다. 결국 죄는 해결되지 못한다. 가벼워지지도 않는다. 오히려 점점 더 커지고 무거워질 뿐이다.

죄의 무게는 나를 계속 파괴하고 끌어내린다. 죄를 해결하기 위해 예수님이 정말 필요하지만 죄는 그렇다는 사실을 깨닫지도 못하게 만들어 버린다.

헤더가 나에게 와서 유산한 사실을 고백한 뒤 몇 개월 간 나는 그녀가 성실하고 고통스럽게 하나님께 치유와 용서를 구하는 것을 지켜봤다. 헤더는 은혜가 있는 공동체에서 스스로를 발견했다. 그녀 말고도 자신만의 동굴에서 나와서 깨진 결혼, 음란물 중독, 우울증, 학대, 알코올 중독, 공포, 독선을 고백하고 회복시키시는 하나님의 은혜를 경험하는 이들이 있다.

수치심이 줄어들면서 헤더의 눈빛도 변했고, 예수님의 보혈로 인한 사랑과 은혜를 끊임없이 만났다. 그녀의 허물이 밝혀지면 사람들과 하나님이 등 돌릴 것이란 수십 년 간의 염려는 헛된 것이었다.

도망갈 것인가 머무를 것인가

예수님은 이 땅에서 대부분의 시간을 연약한 사람들과 보냈다. 온전한 사람들, 밝게 빛나는 사람들은 물었다.

막 2:16 "어찌하여 세리 및 죄인들과 함께 먹는가".

예수님은 답하셨다.

막 2:17 "건강한 자에게는 의사가 쓸 데 없고 병든 자에게라야 쓸 데 있느니라 나는 의인을 부르러 온 것이 아니요 죄인을 부르러 왔노라".

우리가 죄로 인한 무게감을 느끼는 이유는 죄인임을 깨닫게 하려는 목적이라고 믿는다. 우린 모두 회개가 필요한 죄인들이다. 그 아픔과 무게로 인해 우리는 무릎을 꿇고 회개하고 하나님께 용서를 구하는 것이다.

그럼에도 왜 우리는 하나님께로 나아가지 않는가? 그분 앞에 머물러 있는 대신 왜 자꾸만 도망가는가?

자유는 반항하거나 자유로운 척한다고 얻어지는 게 아니다. 그렇게 하면 오히려 우리를 더 단단히 묶어 둘 뿐이다.

그것은 회개하기 싫기 때문이다. 고백하면 죽을 것만 같기 때문이다. 하나님이 우리로 하여금 과거를 돌아보도록 하시는 것은 우리에게 자유를 주시기 위함이다. 수치심에서 벗어나는 방법은 우리 자신의 죄를 보고 죄에서 돌이켜 하나님께로 나아가는 것이다. 그럴 때 평안을 발견하고 하나님께서 이렇게 말하는 것도 들을 수 있다. “내가 그 문제들을 해결할 수 있단다. 그리고 사실 이미 그렇게 하고 있지.”

스머프 인형으로부터 시작된 그 병은 조금씩 자라났다. 평생 그 느낌 때문에 고통스러웠다. 지금까지도 초등학교 2학년 때 영원과도 같았던 5분을 느끼곤 한다.

갈 5:1 “그리스도께서 우리를 자유롭게 하려고 자유를 주셨으니 그러므로 굳건하게 서서 다시는 종의 멍에를 메지 말라”.

자유를 위해….

그렇다면 우리는 진정 자유로운가?

자유는 반항하거나 자유로운 척한다고 얻어지는 게 아니다. 그렇게 하면 오히려 우리를 더 단단히 묶어둘 뿐이다.

다윗 왕이 죄의 끝에 결국 하나님께로 나아갔을 때 모든 게 변했다. 시 32:1 “허물의 사함을 받고 자신의 죄가 가려진 자는 복이 있도다”. 시 32:5 “내가 이르기를 내 허물을 여호와께 자복하리라 하고 주께 내 죄를 아뢰고 내 죄악을 숨기지 아니하였더니 곧 주께서 내 죄악을 사하셨나이다”.

내가 하나님을 올바로 보고 있다면, 내가 그분께 달려간 그 순간 내 어깨의 어떠한 짐도 벗어질 것이다. 그분이 처리하실 것이다. 성경의 간음한 여인처럼 깨진 채로 그분께 나아가면 그분은 내 손을 잡고 나를 일으켜 이렇게 말씀하실 것이다. 요 8:11 “나도 너를 정죄하지 아니하노니 가서 다시는 죄를 범하지 말라”. 그리고 그 자유의 맛, 죄 사함의 맛 때문에 죄에서 떠나 나를 사랑하시는 하나님께로 나아가게 되는 것이다.

로마서 2장 4절에는 "하나님의 인자하심이 너를 인도하여 회개하게 하심"이라고 나와 있다. 때로는 우리가 하나님과 함께할 때, 그분이 우리가 영원히 거할 가장 안전한 곳이 아닌, 초등학교 2학년 때 무자비한 선생님은 아닐까 두려워지기도 한다. 하지만 그분의 임재는 보이지 않는 죄의 무게가 없어지는 유일한 곳이다. 감추고 깨진 마음이 고쳐지는 유일한 장소다. 우리의 성공과 실패로부터 우리 자신이 새로 정의되는 유일한 곳이다.

이것이 복음이다:

롬 3:23 **"모든 사람이 죄를 범하였으매 하나님의 영광에 이르지 못하더니".**

롬 8:3 **"율법이 육신으로 말미암아 연약하여 할 수 없는 그것을 하나님은 하시나니 곧 죄로 말미암아 자기 아들을 죄 있는 육신의 모양으로 보내어 육신에 죄를 정하사".**

예수님은 밝게 빛나는 그 누구라도 할 수 없는 것을 하셨다. 우리는 자유함을 얻은 것이다.

::04

사람들에게 인정받고 싶은 욕구 버리기

꽤 늦은 시간이었다. 거리의 불빛도 사라졌다. 나는 부모님이 밤 10시면 주무신다는 것도 잊고 친구들과 함께 짐을 쌌다. 하지만 부모님은 둥지를 떠났다가 잠시 품으로 돌아온 딸과의 시간을 위해 깨어 계셨다. 그때 난 아칸소 대학의 신입생으로 주말을 지내러 집에 와 있었다.

그날 밤 나는 대학이란 곳에서 중대한 얘깃거리를 가지고 부모님 방에 들어가 침대 맡에 앉았다. 부모님은 귀

그분은 살아 계시고 말씀하시며 내 안에서 일하고 계셨다. 나는 그분의 말씀을 듣고 순종했다. 그런데 내가 당시에 그 어떤 대가를 치르더라도 그분의 모든 말씀에 순종했을지와 그분이 요구하는 그 어떤 것이라도 할 준비가 돼 있었는지에 대해서는 확신할 수 없다.

여운 남자친구와 춤추러 가거나 저녁 때 친구와 놀러나가길 허락 받는 아이처럼 느꼈을 것이다. 하지만 나는 춤추러 가겠다고 말하지 않았다. 캠프에서 나무 십자가를 본 뒤 하나님의 존재는 나에게 점점 더 중요해지고 있었다. 그분은 살아 계시고 말씀하시며 내 안에서 일하고 계셨다. 나는 그분의 말씀을 듣고 순종했다. 그런데 내가 당시에 그 어떤 대가를 치르더라도 그분의 모든 말씀에 순종했을지와 그분이 요구하는 그 어떤 것이라도 할 준비가 돼 있었는지에 대해서는 확신할 수 없다.

하나님은 나를 깨우기 시작하실 때 하나님의 사역을 위해 나를 깨우는 것으로부터 출발하셨다. 나는 아칸소 대학뿐 아니라 전 세계에 걸쳐서 그분의 세상을 건설하는 데 일부가 되고 싶었다. 나는 해외로 인도함을 받고 있다고 느꼈다. 어디인지는 확실치 않았으나 대학 선교단을 통해 1~2년은 해외로 갈 수 있었다.

부모님의 침대 맡에 앉아 나는 말했다. "엄마, 아빠, 하나님께서 저를 해외로 이끄시는 것 같아요. 자세한 것은 모르겠지만 부르심이라는 것은 확실해요." 나는 기대에 차서 그분들이 마땅히 대답하실 그것을 기대하며 바라봤다.

개울과 강

의식 있는 사람이라면 누구나 생각과 감정, 열정이 있다. 그 열정의 개울은 결코 멈추지 않으며 대부분은 정화되지 않고 흐른다. 또한 어떤 메시지를 갖고 있어 우리가 의사결정을 하고 살아가는데 영향을 미친다. 물론 이런 개울들이 우리 가슴과 마음에서 흘러 나가고 들어옴에 따라 퇴보하기도 한다.

쉬운 예로는 음식이나 성관계에 대한 집착이 있다. 또는 이메일에 답장을 쓰거나 쇼핑 목록에 집착하는 것도 비슷한 예다. 하지만 좀 더 깊은 개울은 우리의 삶을 조종하고 의심하게 만들고 꿈꾸게 하고 두렵게도 한다. 이런 개울은 우리 안에 흐르며 우리를 조종한다.

하나님은 우리의 마음이나 영혼을 통해 말씀하신다. 내게 있어 마음보다 더 중요한 것은 없는데 왜 나는 내 마음을 통제하지 못할까? 심지어 나는 그 개울이 어디에 있는지도 모른다. 그것은 독자적인 길을 걷고 있으며 두려움이나 욕망에 이끌림을 받는 것처럼 보인다. 개울은 움직이며 나를 조종한다.

내 마음은 분명히 이 사실을 알고 있으며 그것이 끼치는 영향도 보고 있다. 하지만 어떻게 내 마음을 통제해야 하는지 알 수가 없다.

젊은 시절부터 나는 다윗 왕의 삶에 끌렸다. 다윗은 큰 잘못을 너무나 많이 저질렀다. 하지만 그는 여전히 하나님의 사람이었고, 열정적인 사람이었다. 시편 곳곳에는 다음 구절이 조금씩 변형되면서 반복된다. 시 118:6 “여호와는 내 편이시라 내가 두려워하지 아니하리니 사람이 내게 어찌할까”.

> 나는 하나님을 사랑하지만 눈에 보이는 사람들을 더 사랑했다.

그의 삶은 이런 사고방식을 그대로 따랐다. 그는 하나님을 경외하고 사랑했으며 그 밖의 것은 두려워하지 않았다. 그 어떤 사람도 말이다. 내 믿음과 다윗의 믿음은 어떻게 다를까? 왜 나는 사람들을 두려워하며 살아가는가?

지금 내 마음에 흐르는 것은 작은 개울이 아니다. 물살이 센 강물이어서 하나님도 쫓아내고 내 마음과 삶을 조종한다. 나는 하나님을 사랑하지만 눈에 보이는 사람들을 더 사랑했다. 나는 그들을 숭배하고 황금에 경의를 표했다. 특히 부모님은 더욱 의지했다.

나는 자라면서 하나님에 대해 알게 됐고, 그분은 내 마음을 온전히 받기 원하신다는 것도 알았다. 신 6:5 “너는 마음을 다하고 뜻을 다하고 힘을 다하여 네 하나님 여호와를 사랑하라”고 하시지 않았던가. 하지만 나는 그렇게 살 수가 없었다. 내 주변 사람들을 행복하게 하느라 바빴고 그게 좋았다. 사실 좋기만 하진 않았다. 속으로는 썩고 있었다. 어떻게 한 사람이 다른 모두를 행복하게 만들 수 있단 말인가. 나는 부모님의 답을 기다렸다.

이렇게 속으로 파괴된 사람이 비단 나뿐일까? 하나님과 사랑에 빠졌음에도 불구하고 여전히 하나님 이외의 다른 모든 사람을 간

절히 섬기는 사람이 나뿐일까?

내 친구 줄리에 대해 아무도 즐거움을 주는 사람이라고 말하지 않는다. 줄리는 늘 자신의 이야기를 했다. 비극적인 사건 앞에서 민감한 주제를 꺼내 눈물을 짜내는 그녀와 싸웠던 게 한두 번이 아니었다. 그럼에도 줄리는 나와는 완전히 달랐기에 나는 그 친구를 좋아했다. 그녀는 다른 사람들의 판단이나 자신을 잘 모르는 사람들의 비난에 개의치 않았다. 줄리는 자기 확신이 넘치는 사람이었다.

하지만 나는 줄리도 두려워하고 있었다는 것을 안다. 다만 나와는 다른 방식으로 자신을 보호하고 있었을 뿐이다. 우리는 모두 정도만 다를 뿐 다른 이들의 의견에 신경 쓰며 살아간다. 사랑하는 사람들의 인정을 원하지 않는 사람은 없을 것이다. 인간을 정의하는 하나의 특징으로 우리는 우선 하나님께, 다음으로는 사람들에게 인정받고 싶어 한다. 그렇다고 모든 사람의 인정을 원하는 것은 아니다. 중요한 몇몇 사람의 인정이 필요할 뿐이다.

그날 부모님의 침대 맡에서 나는 해외에서 하나님을 섬김으로써 그분께 순종하고 싶다고 말했다. 그것은 부모님의 범주와 꿈에는 포함되지 않는 일이었다. 많은 개울이 내 안에 흐르고 있었고, 당시엔 그 개울 모두가 하나님의 세상을 짓는 일에 참여하라고 외치고 있었다.

부모님은 자신들의 생각을 표현하는 데 서툰 분들이 아니었다.

나는 겨우 열여덟 살이었고 그들의 딸이었다. 부모님은 가면 안 된다는 얘기는 절대 하지 않았다. 하지만 순순히 허락하지 않으신다는 것을 느낄 수 있었다. 그래서 나는 가지 않았다. 더 이상 가려고도 하지 않았다.

이후 10년 동안 하나님에 대한 사랑과 이해가 자라갈수록 강줄기는 더욱 거세게 흘러 나를 화나게 만들었다. 보이지 않는 생각들이란 게 쉽게 통제되지 않는 까닭에 나는 그것을 제어해 보려고 안달이 났다.

하나님이 나를 온전히 소유하기 전에 사람들의 영향력은 줄어야만 했다. 하지만 어떻게 해야 한단 말인가?

두려운 침묵

눈을 감고 모든 것이 고요해지면 비로소 마음의 소리를 듣게 된다. 마음은 언제나 거기에 있다. 다만 우리가 침묵에 익숙하지 않아 마음이 흘러가는 것을 듣지 못할 뿐이다.

침묵하면서 내 안의 큰 목소리를 들을 때 나는 오직 하나님만을 좇게 된다. 그분이 너무 가까이 오는 것 같을 때 그분을 실제로 보게 될까 봐 두려울 정도다. 어쨌거나 나는 그분이 가까이 오시도록 해 나를 지치게 하는 거센 강물을 본다. 그분은 절대로 "거 봐라. 내가 말했잖니."라고 하지 않으신다. 그렇게 하실 수 있지만 절대로 하지 않으신다.

사랑은 질투다. 특히 하나님의 사랑은 그렇다. 그분은 나를 원하시지만, 나는 하나님 아닌 다른 사람을 원한다. 그런데 하나님은 우리가 그분을 제외한 다른 사람을 사랑하고 싶어 한다는 사실을 알고 계신다. 그분은 내 질문에 답을 주시기 위해 선지자를 불러 헌신하게 하셨다. 바로 '어떻게 하면 다른 사람을 따르는 일을 그만두고 하나님께로 돌아올 수 있는가' 하는 문제다.

하나님은 호세아에게 마을로 가서 창녀를 아내로 삼으라고 명하셨다. 당시 이스라엘은 나와 비슷하게도 하나님을 제외한 모든 것을 우상화하고 있었다. 호세아에게 말씀하신 것은 바로 그분이 이스라엘에 하고 싶은 말씀이었다. 호세아는 말씀에 순종해 고멜이라는 창녀와 결혼했다. 둘은 함께 살며 자녀 여럿을 낳았다. 호세아는 아내에게 필요한 모든 것을 공급하는 사랑과 자비가 넘치는 남편이었지만, 고멜은 끊임없이 자신을 학대한 애인에게로 돌아갔다. 그녀의 마음에 흐르는 개울은 그녀를 익사시키고 있었다.

사랑은 질투다. 특히 하나님의 사랑은 그렇다. 그분은 나를 원하시지만, 나는 하나님 아닌 다른 사람을 원한다.

나는 호세아를 읽으면서 이스라엘에 대한 하나님의 진노를 보여준다고 생각했다. 실제로 하나님은 굉장히 화를 내셨다. 그분은 말씀하셨다. 호 1:6, 9 "내가 다시는 이스라엘 족속을 긍휼히 여겨서 용서하지 않을 것임이니라… 너희는 내 백성이 아니요 나는 너희 하나님이 되지 아니할 것임이니라".

이 드라마틱한 은유 속에서 하나님은 다른 애인을 따라가는 우리들을 향해 말씀하신다.

그러므로 보라 내가 그를 타일러
거친 들로 데리고 가서
말로 위로하고

거기서 비로소 그의 포도원을 그에게 주고
아골 골짜기로 소망의 문을 삼아 주리니
그가 거기서 응대하기를 어렸을 때와
애굽 땅에서 올라오던 날과 같이 하리라

여호와께서 이르시되 그 날에 네가 나를 내 남편이라 일컫고 다시는 내 바알이라 일컫지 아니하리라 내가 바알들의 이름을 그의 입에서 제거하여 다시는 그의 이름을 기억하여 부르는 일이 없게 하리라
호 2:14~17

내가 나의 죄 더미에 애인들과 올라 앉아 있을 때마다, 또 내 마음이 통제가 안 돼 하나님이 나를 힘들게 하고 있다고 생각할 때마다, 하나님은 내 마음의 강 한 가운데로 들어와 방향을 바꿔 놓으신다.

잠 21:1 “왕의 마음이 여호와의 손에 있음이 마치 봇물과 같아서 그가 임의로 인도하시느니라”.

내 마음을 움직이시는 유일한 분은 하나님이시다. 그분은 나를 따라와 타이르시고 다시 돌아오라고 말씀하신다. 내가 다른 사람들을 따를 때 그분은 나를 따라오신다. 그분은 내가 어울리는 장소에 나를 데려다 놓으신다. 그곳은 어떤 벌도, 두려움도 없고 오직 완벽한 인정과 평화만이 있을 뿐이다.

나는 다른 사람들을 실망시킬 수 있다. 하지만 하나님, 온 우주의 주님이 내 편이신데 누가 나를 대적할 수 있을까. 내가 누구를 두려워할 것인가.

나는 다른 사람들을 실망시킬 수 있다. 하지만 하나님, 온 우주의 주님이 내 편이신데 누가 나를 대적할 수 있을까. 내가 누구를 두려워할 것인가.

고등학교 때 하나님을 생생히 만난 그 캠프에서 집으로 돌아온 후, 나는 친구들을 모아 그분에 대해 얘기했다. 꼭 그래야 하는 건 아니었다. 그저 하나님과 사랑에 빠진 후 성령 충만했던 것이다. 내가 그분에 대해 알고 있는 모든 것에 대해 열정적으로 나누기 시작했다.

그때 이후로 나는 그분이 내게 원하시는 것을 분명한 지침으로 살아왔다. 대개는 그분에 대해 얘기하는 일이었다. 내 삶에서 그분이 주신 선물은 결코 비밀이 아니었다. 다른 믿음의 사람들에게 주시듯 그분을 더욱 크고 위대한 분으로 만드는 무언가를 내게도 주셨다.

내가 말하거나 글을 쓸 때 나라는 사람이 드러나고 그것 때문에 힘들었다. 나에 대한 사람들의 생각이나 비난들은 내가 통제할 수 있는 것이 아니었기 때문이다. 사실 하나님이 내게 주신 선물에 대해 얘기하는 것보다 내가 받는 평가가 더 두려웠다. 그래서 말하긴 했으나 언제나 뒤로 물러나 있었다. 내가 어떻게 받아들여지고 있는지 파악하고 있었고, 그것이 부정적일 때는 무덤덤해지려고 애써 노력했다. 표를 얻으려 안달하는 정치인 같았다.

남들의 인정을 포기하기보다 영혼으로 말씀하시는 하나님의 분명한 부르심과 달란트를 포기한 것이다. 원래는 주변 사람들과 그들의 인정, 내가 사랑하는 것을 희생해야 했다. 그러나 나는 하나님이 나에게 명령하는 사역의 일부가 사라지기를 바랐다. 니느웨로 가라는 하나님의 분명한 부르심을 외면한 요나와 다를 바가 없었다. 나도 가지 않았다. 하나님이 나를 고래에 먹히게 하지 않으신 것이 감사할 따름이다.

고요한 침묵 속에 있으면 가끔 이런 생각이 든다. 내가 두려움에 휩싸인 나머지 내 삶에서 가장 중요한 것, 가장 좋은 것을 놓쳐 버린 것은 아닌지.

하나님은 우리가 그분을 가장 사랑하기 전까지 다른 애인을 끊임없이 쫓아다닌다는 사실을 아신다. 우리는 끊임없이 돌고 찾고 무기력해진다. 그러다가 하나님이 우리를 위해 준비해 놓은 모든 것들을 잃는다. 결국 우린 다른 모든 것이 물러가고 그분만이 남기 전까지는 커다란 강물에 휩쓸려 그분이 멀리 있다고 느끼게 될 것이다.

지금 이 순간 당신의 삶이 만족스럽고 편하다면 이 책을 읽을 필요가 없다. 이 책을 통해 저자는 나의 영적인 세계에서 '도미노' 같은 역할을 했다. 저자의 열정에 깊이 감동했고, 그보다 더 중요한 것은 하나님의 목소리를 듣고 엎드려 울며 기도할 수밖에 없었다. '무엇이든 하겠나이다.' 라고.

로렌 챈들러 | The Village Church 맷 챈들러 목사의 사모

::05

평범이란 유혹

책임감 내려놓기

우리의 첫 번째 데이트였다. 소매를 접어올린 체크무늬 셔츠를 입은 잭은 정말 귀여웠다. 하지만 지금 내 앞에서 나와 함께 식사하고 있는 남자가 앞으로도 영원히 그럴 것이란 생각까지 들진 않았다. 우린 둘 다 카운슬러로 봉사했던 그 여름캠프에서 만났는데, 그곳은 내가 몇 해 전 예수님을 인격적으로 만났던 곳이기도 했다. 우리의 첫 데이트에서 내가 닭고기를 자르던 일이 기억난다. 잭이 계속해서 질문을 던져서 먹을 틈이 없었기 때문에 간신히 먹고 있었다.

그는 나에게 인생에서 가장 원하는 것이 무엇이냐고 물었다. 첫 데이트에서 나온 훌륭한 질문이었다. 생각할 필요도 없었다. 그 시점에서 내 인생은 완전히 하나님께로 향해 있었다. 그분이 너무도 생생해서 나는 순진하지만 열정적으로 이렇게 말했다.

"그냥 평범하게 살고 싶지는 않아요."

지금에야 깨닫는 사실인데, 나는 주변의 가족들을 봐 왔고 1960년대 히피처럼 느끼고 있었다. 뭔가 급진적인 것을 원하고 있었다. 그게 무엇인지 몰랐지만 평범하지 않은 것임은 확실했다. 나는 좀 더 원했다.

잭은 내 대답이 마음에 들었는지 몇 주 후 11시간을 달려 나를 만나러 왔다. 나는 그 귀여운 남자와 결혼했고, 우리는 함께 평범하지 않은 삶을 만들어 가려는 모험을 시작했다. 우린 몇 년 동안 젊고 열정적이며 모험심에 넘쳤다. 그러다 내가 임신을 하게 되면서 삶은 바뀌었다. 주택 임대자금이나 건강보험, 귀엽게 꾸민 아기 방이 있는 안전한 집 등이 좋아 보이기 시작했다.

큰아들이 태어나기 직전 우리는 친정 근처로 이사했다. 어느 날 첫 임신을 한 대학동창을 만나 우리가 옛날에 얼마나 열정적이었는지, 우리의 성실함은 다 어디로 갔는지에 대해 한참 동안 이야기를 나눴다.

"그 마음을 계속 지키고 싶어. 무감각해지고 싶지 않아. 그런데 지금은 천국보다 우리 아기가 뭘 원하는지에 더 관심이 가." 내가 말했다.

"다시는 대학시절과 같아지지 않을 것 같지 않니? 열정이 시들어가면서 옛날을 추억하게 되겠지."

친구의 말이 너무 옳아서 소름이 끼쳤다.

우리에게 일어나는 일들은 극히 평범했다. 현실감과 책임감이 밀고 들어오면서 하나님은 밀려난 것이다. 종교, 교회, 성경공부는 계속하고 있었다. 하지만 하나님께서 언제든 그분의 방식대로 쓰실 수 있는 삶이 별장이나 미니밴을 사기 위해 철저히 계획되고 계산된 삶으로 바뀐 것이다. 하나님께 등을 돌리고 평범한 삶을 살아가며 과거의 영광을 되새기는 삶이 하나님이 계획하신 방식이라고 할 수 있을까?

현실감과 책임감이 밀고 들어오면서 하나님은 밀려난 것이다.

분명 무언가 더 있어야 했다. 그러나 그것에 대해 생각할 시간이 충분치 않았다. 첫 아이가 태어날 날이 다가오고 있었다. 살 집을 구하고 아기 방의 바닥재도 골라야 했다. 그 외에 내 영혼에 대한 문제는 다 괜찮았다. 이제는 평범함을 포기하는 일이 오히려 두려웠고 불편했으며 비합리적으로 보이기까지 했다.

두 가지를 다 할 순 없을까. 하나님을 찾는 일과 내가 원하는 삶, 둘 다를 가질 순 없는가 말이다. 하나님께선 내가 스스로 실험해 보기를 기다리시고 계신 것 같았다.

널빤지와 잔디밭

우리가 처음 산 집으로 이사한 지 얼마 되지 않아 아기가 태어났다. 비슷한 시기에 엄마가 된 친구 에이미와 함께 산책을 했다. 우린 원하는 것이 이뤄지는 방식까지 비슷한 환경에서 성장했다. 부모님이 우리에게 바라는 것까지도 비슷했던 것 같다. 나는 우리 아이들이 가까이 살면서 훌륭한 학교에 가서 수준 높은 친구들을 사귀고 좋은 추억을 함께 쌓기를 바랐다.

동네를 걸으며 에이미는 흥분한 나머지 눈물까지 글썽거렸다. 친구는 새로 느끼게 된 확신 때문에 마음 아파하고 있었다. 그녀는 뭔가를 좀 더 원했다. 자신이 탐욕스러워졌다고 믿고 있었다. 그 말에 충격을 받았다. 그 무렵 난 첫 번째 장애물을 만나게 될까 두려워하고 있었다. 하나님과 세상, 그 두 가지를 모두 가지려는 내 계획의 방해물 말이다.

그녀는 멋진 집, 안전한 학교, 좋은 친구들에 대한 기대를 말했다. 나쁜 것은 아니었지만 친구는 이런 기대가 하나님으로부터 오는 마음인가에 대해 고민하고 있었다. 아니면 우리의 욕심을 위해 이런 것들이 있기를 바라는 것은 아닐까. 우리의 마음이 좀 더 많은 것을 원하게 된 것인가. 만약 하나님께서 나와 우리 아이들에게 안전한 학교와 편안한 삶을 주시지 않는데도 우리는 그분을 붙들고 있을 것인가.

친구가 옳았다. 우리가 처음 산 작은 집은 부모님 집 가까이 있었고 가장 친한 대학동창 집에서도 멀지 않았다. 아기 방은 바닥재 색깔과 맞춰 칠했고, 자녀 5명을 키워도 될 만큼 풍족한 환경을 마련했다. 나는 꿈을 향해 나아가고 있었지만 마치 암이 몸속에 자라는 것을 모르듯 하나님께는 무감각했다.

만약 그분이 내게 주실 것이라 믿는 것들이, 사실은 그분이 내게서 가져가고 싶은 것이라면 어떻게 할 것인가.

이야기를 계속하기 전에 내 현재 삶에 대해 짚고 넘어가야 할 것이 있다. 나는 따뜻하고 사랑스러운 우리 집에 앉아 있다. 정확히 말하면, 온전히 소유하기 위해 돈을 갚고 있는 집이라고 해야 할 것이다. 노스페이스 재킷을 입고 책상 위엔 흰 난초도 두었다. 휘핑크림이 들어간 스타벅스 커피를 마시고, 기름을 꽤 많이 먹는 패밀리 사이즈의 SUV를 세워 두었다. 우리 아이들을 위해 최신형 게임기와 트램펄린도 마련했다.

순종은 다름 아닌 우리 자신을 위한 것이다. 우리가 자신을 온전히 하나님께 드린 후 삶은 크게 바뀌었다. 하지만 지금까지는 우리의 모든 소유를 팔아 가난한 사람들에게 주는 일 같은 희생은 필요 없었다. 물론 생각은 해보고 있지만, 아주 먼 미래에나 하게 될 것이라 막연히 믿었다.

이 주제는 솔직함 없이 얘기하기 어렵다. 하나님께 순종하기 위해선 집이나 자동차 등 가진 것을 모두 팔아야 한다고 독자들이 생각하게 만들 순 없다. 하지만 우리가 지어 놓은 기대에

요즘 같은 세상에선 축복이 당연한 권리라고 생각하기 쉽다. 물질과 돈이 우리의 삶을 지배하기 때문이다. 그 사실을 깨닫기도 전에 하나님의 선물이 하나님의 자리를 대신한다.

대한 거품을 거둬낼 필요는 있다. 돈과 맛있는 카페라떼는 많은 것으로부터 우리를 보호해준다. 요즘 같은 세상에선 축복이 당연한 권리라고 생각하기 쉽다. 물질과 돈이 우리의 삶을 지배하기 때문이다. 그 사실을 깨닫기도 전에 하나님의 선물이 하나님의 자리를 대신한다.

잠시만 눈을 돌려보면, 마실 물이 없어 죽어가는 사람들이 얼마나 많은지 알게 된다. 나는 이웃사람들이 시든 잔디를 흉볼까 봐 잔디밭에 아낌없이 물을 뿌리고 있는데 말이다. 우리들 상당수가 아등바등 삶을 꾸려가지만, 가족의 연간 수입이 3천만 원만 넘는다면 전 세계 1% 안에 든다는 사실을 알고 있는가.

친구 에이미와 이야기를 나누고 집으로 돌아가 남편에게로 갔다. 남편은 직장생활 때문에 고군분투하고 있었다. 남편에게 기꺼이 그를 따라 친정과 새집과 친한 친구들을 떠날 각오가 되어 있다고 말했다. 하나님께서 새로운 곳으로 우리를 부르신다면 말이다. 몇 개월 후 남편은 하나님께서 목회를 하도록 부르시는 것 같다고 말했다. 그로부터 또 몇 개월 후 우린 살던 집을 내놨다.

그 당시엔 하나님의 부르심에 무엇이든 할 준비가 돼 있는지 확실치 않았지만 내 안의 많은 것이 사라지고 없었다. '내려놓음'의 또 다른 단계였다. 내가 생각했던 평범한 삶, 완벽한 아기 방과 완벽한 삶에 대한 그림도 내려놓았다.

내려놓기 전까지 그것들은 엄청나게 큰 것처럼 보인다. 그러나 일단 내려놓으면 '그게 무슨 대수라고' 하고 생각하게 될 것이다.

젠가 인생

훈련과 목회와 하나님의 인도하심 때문에 우린 이사했고 여러 번 더 집을 옮겼다. 그리고 여러 번의 이사 때문에 나는 다시 정착하기를 고대했다. 우리는 작고 사랑스러운 집을 빌려 살았다. 모든 집들이 다 마음에 들었다. 아주 단출했고, 풍광은 없었지만 유지비용이 많이 들지 않아 좋았다. 하지만 사실 마음 한 구석의 불안은 떨치지 못했다.

여전히 내 머릿속에 그려진 삶을 내려놓지 못하고, 우리 가족에게 삶이 어떤 식으로 펼쳐져야 좋은지 생각하곤 했다. 커튼이 드리워진 창가, 이것이 나에겐 정착의 상징이 됐다. 진짜 커튼이라기보다 우리 가족이 뿌리 내리고 살아갈 어떤 곳에 속하고 싶은 소망이었다.

당시 몇 년 동안 우리 가족은 안전하고 건강하고 행복했지만 나는 좌우로 살펴보며 내 욕심들을 다시 정립해보곤 했다. 내 소망을 대변하는 친구들은 모두 커튼이 달린 자기 소유의 집에서 정착하며 살고 있었다.

사람들, 물질, 완벽하게 꾸며진 집은 상처받은 사람을 돕는 데 결코 도움이 되지 않는다. 사실 모든 것을 완벽하게 세우면 세울수록 우리는 점점 더 방어적이 된다. 마치 젠가 놀이를 할 때 같다. 탑이 제대로 서 있기도 어려울 정도로 블록을 높게 쌓아 올린다. 어차피 쓰러질 걸 알면서도 아이들 중 누군가 탑을 무너뜨리면 그렇게 아쉬울 수가 없다. 물론 내가 탑을 쓰러뜨리는 장본인이 되기도 하지만. 우리 가족은 모두 탑을 열심히 쌓는다. 곧 쓰러질 걸 알면서도 쌓아 올리다가 무너질 땐 분통을 터뜨린다.

나의 공허한 자아를 하나님께로 가져가면 그분의 임재가 바람이 아닌 콘크리트 건축물처럼 익숙하고 안정적으로 다가온다.

또 다른 것도 있다. 그것은 눈에 보이지 않고 영원히 지속되며 결코 무너지지 않는다.

하나님과 초자연적인 일들을 믿는데 있어 역설적인 점은, 눈에 보이지 않는 것이 사실은 가장 믿을 만하고 가장 안정적이라는 것이다. 우리가 보고 만질 수 있는 확고한 것들은 바람이 되어, 끊임없이 그것을 잡으려 노력해도 우리의 손과 영혼을 지나쳐 결국 공허함만 남는다. 하지만 나의 공허한 자아를 하나님께로 가져가면 그분의 임재가 바람이 아닌 콘크리트 건축물처럼 익숙하고 안정적으로 다가온다.

미셸 부부는 자신들이 가진 모든 것이 도약하는 일이 벌어지고 나서 우리 교회에 나오기 시작했다. 어느 날 미셸이 점심을 먹자고 이메일을 보내왔다. 마주 앉은 그녀의 눈엔 수심이 가득했다. 미셸은 오랫동안 아이를 갖고자 노력해 왔다. 많은 친구들이 여러 번 임신과 출산을 하는 동안 그녀는 그저 바라보며 기다릴 수밖에 없었던 탓에 많은 상처가 있었다. 우린 이뤄지지 않은 꿈들에 대해 이야기했고, 아기를 만드시는 하나님께서 어떤 이유로 아직 미셸 부부에게 허락하지 않으신 것인지 고민을 나눴다. 하지만 그 고통 아래에 그녀가 말하지 않은 무엇인가가 더 있다는 느낌이 들었다.

그녀에게 물었다. "미셸, 가장 어려운 점이 뭐예요?"

미셸은 어디까지 이야기를 해야 할지 고민하는 듯 잠시 말이 없었다. 한동안 무언가가, 아이보다 더 큰 문제가 그녀를 괴롭히고 있다는 것을 느낄 수 있었다.

"제 자신이 다른 사람과 너무 다르게 느껴져요. 제 친구들은 모두 자신들의 삶을 잘 살아가는데 말이죠."

이질감, 하나님이 미셸 부부 앞에 두신 다른 인생길은 그저 '다르다'는 이유만으로도 정말 힘든 것이었다. 그녀는 아파했고 인생에서 외톨이가 된 듯한 기분을 느끼고 있었다.

평범함, 기분 좋게 느껴지는 동질감이란 무엇일까. 물론 다른 사람과 같아지느니 차라리 죽겠다고 하는 반항아들도 있다. 하지만 대부분은 우리와 비슷한 사람과 함께 있을 때 가장 편안하고 안전하게 느낀다. 우린 주변 사람을 좋아하고 그들과 함께 삶을 나누도록 지어졌다. 다른 사람들과 함께 살아가며 서로서로 의지하게 돼 있다.

하지만 하나님은 종종 모든 것이 딱 맞아떨어지는 단출한 삶을 살아가도록 돕는 데는 별 관심이 없는 것처럼 보인다. 당신을 향한 하나님의 계획이 무엇인지는 모른다. 하지만 어떤 일들이 끝날 때까지 그분이 침묵하신다는 사실은 안다. 그분은 관여하지 않으신다. 그리고 그분이 말씀하실 땐 무엇이든 대가가 치러진다.

하나님을 좇아 사는 내 인생에 비용이 많이 들 거라고 생각하진 않는다. 하나님을 따르는 것은 비용이 드는 일이 아니다. 늘 그랬다. 이해는 안 되지만 지난 몇 년 간 그분은 짧은 계획 안에 작은 충격을 허락하셨다.

모피 코트

하나님을 위해 철저하고 용감하게 살아가는 사람을 보는 것은 그분을 모르는 사람들에게 깊은 마음의 울림을 준다. 믿음 위에 사는 삶이 얼마나 만족스러운가에 대한 느낌, 그것은 우리를 새롭게 한다.

크리스천들은 믿음이 없는 사람과는 매우 다른 느낌으로 살아간다. 다르다는 이유만으로 판단하거나 거리를 두지 않으면 사람들은 믿음에 대해 관심을 보이게 될 것이다. 하지만 우리가 믿음에 기반해서 철저하게 살아갈 때 관계를 맺는 사람들은 믿음 없는 사람들이 아닌 크리스천들이다. 우리가 진심으로 천국과 지옥, 천사와 하나님을 믿을 때 우리를 놀란 눈으로 바라보고 의심하기 시작하는 사람들도 다름 아닌 크리스천들이다.

'나니아 연대기'는 내게 큰 감동을 주었다. 다른 어떤 작품에서도 다루지 않은 나란한 두 개의 세계를 보여줬기 때문이다. 작가인 C.S. 루이스는 현실에서도 그렇듯 동시에 계속되는 우리의 세상과 옷장 속 가상의 세계 '나니아'를 그려 냈다.

이 책에 등장하는 위대한 영웅은 바로 예수를 대변하는 사자 아슬란이다. '사자, 마녀 그리고 옷장' 편에서는 페번시 가족의 막내인 루시가 영웅으로 활약한다. 루시는 믿음이 있어 영웅이었다. 하나님은 우리를 이 새로운 세상으로 부르고 계신다. 루시가 나니아에 있는 아슬란을 만나기 위해 옷장 속 모피 코트를 지나야 했듯, 그분은 우리가 의심을 통과해 또 다른 이야기가 영원히 계속되는 것을 보게 하신다. 그 이야기 속에서 주인공은 바로 우리 자신이다.

하나님은 우리가 의심을 통과해 또 다른 이야기가 영원히 계속되는 것을 보게 하신다. 그 이야기 속에서 주인공은 바로 우리 자신이다.

이야기는 지금도 계속되고 있다. 천사와 하나님, 천국과 우리 자신. 그 이야기가 우리의 표준이 되길 바란다. 이해하기 어렵다는 것은 잘 알지만, 우리가 하나님께 믿음을 고백하면 천사와 천국, 영생 같은 눈에 보이지 않는 것들이 실제로 일어나는 것임도 고백할 수 있게 된다. 물론 평소엔 그런 일들에 대해 생각하지 않으려 한다. 그분이 우리를 어떻게 변화시키고 젠가 게임처럼 불안정한 삶에서 어떻게 도우시는지는커녕 그분에 대해서도 거의 생각도

하지 않는다.

그분은 우리를 도우실 뿐 아니라 우리가 그분을 필요로 하길 원하신다. 하지만 영원한 세상에 계신 그분의 관점에서 보면 그분은 이렇게 생각하고 계실지도 모른다. '만약 저 아이가 고개를 조금 더 들고 더 멀리 본다면 문제는 작아지고 나와 동행하는 기쁨이 더 클 텐데 …….'

친구 에이미와 나는 유모차를 끌고 안전하고 편안한 우리집에서 나와 걸었다. 그녀는 좋은 동네, 완벽한 학교와 예쁜 집에 초점을 맞춰 살아가는 삶에 대해 불만이 있었다. 좀 더 깊은 것을 원했다. 그녀가 한때 원했던 일상적인 것에 목숨을 거는 일보다 하나님께서 예비하신 삶, 그분께 자신을 드리고 싶다고 고백하기 원했다. 그 삶이 무엇인지 전혀 몰랐기 때문에 내 하나님이 되어 달라는 기도와 그분을 따르겠다는 약속만 있었던 상태였다.

에이미의 남편과 큰딸이 아이티 지진 복구 봉사활동을 가 있는 동안 애기를 나눌 기회가 있었다. 우린 하나님과 삶에 대해, 그리고 우리 자신을 드리는 것에 대해 애기했다. 친구는 철저히 분열된 도시인 멤피스를 치유하기 위한 일의 일환으로 교회 세우는 일을 돕고 있었다.

친구 부부는 예쁜 세 딸과 함께 총소리가 자주 들리는 도시 안

쪽의 작은 마을에서 살았다. 완벽한 학교도, 집도, 아무것도 없었다.

그들은 복음을 전했을 뿐 자신들은 아무것도 갖고 있지 않았다. 친구와 전화를 끊을 때마다 나는 내 삶에서도 아무것도 없길 원하는 마음이 들었다. 물론 친구가 하나님을 아프게 할 때도 있지만 그녀는 자신의 삶을 가장 가난하고 상처받은 사람들을 위해 헌신하고 있다. 자신이 누릴 모든 편리함을 순종과 바꾸었고 하나님은 그녀의 삶을 받으셨다.

아마 천국과 하나님과 영생이 우리의 표준이 된다면 모든 것이 바뀌지 않겠는가?

저자는 한번 만나면 잊을 수 없는 사람이다. 하나님의 진실을 전하는 데 있어 그녀는 열정적이고 잘 알고 있는 바를 핵심에 맞춰 정확히 전한다. 하나님이 그녀를 어디로 이끄셔서 어떤 방법으로 힘을 주실지 너무나 기대된다.

비키 커트니 | Five Conversation의 저자

:: 06

인생의 계획에 없는 두려움 떨치기

"오늘부터 스크랩북 시작하려고요." 딸 알렉스가 수화기 너머로 흥분해서 말했다. 우린 하나님과 우리의 미래에 대해 얘기를 나누고 있었다. 텍사스 대학 2학년이었던 딸은 미래에 대한 청사진을 여럿 그리고 있었다. 금발 곱슬머리가 찰랑대고, 아이스크림을 사달라고 조르던 다섯 살 때와 같은 표정과 자세로 말하고 있을 딸의 모습이 그려졌다.

딸은 말을 이어갔다. "오늘부터 제가 바라는 내용이 담긴 것이면 뭐든지 스크랩해 놓으려고요. 그래서 구체적으로 그릴 수 있게 말예요. 벌써 제가 원하는 것을 몇 개 오려 놓았어요. 흰색 2층집, 검정색 볼보 SUV 자동차, 잘 생긴 남편과 아이들이요."

난 웃지 않으려 애쓰며 말없이 앉아 있었다. 알렉스는 하나님을 사랑하고 그분을 잘 아는 아이였다. 실제로 원하는 것에 대해 스크랩북을 만들 정도로 적극적인 사람은 보지 못했지만 이런 생각이 들었다. '나도 이런 스크랩북이 마음에 있었지. 우리 모두 갖고 있을지 몰라.'

우린 모두 마음속에 삶에 대한 그림을 그려 놓고, 그것이 어떻게 이루어져야 할지, 어떻게 이루어지면 좋을지, 어떻게 그려가야 할지 등을 생각한다. 우리 머릿속에 존재하는 어마어마한 스크랩북에 이런 그림들을 모아놓고, 다음과 같은 항목에 대해 계획을 세워나간다.

· 언제 결혼할지
· 아이는 몇이나 낳을지
· 어디에서 살지
· 돈은 얼마나 벌지
· 어떤 일을 할지
· 어떤 집에서 살지
· 배우자에게 어떤 대접을 받고 살지
· 어디를 여행할지
· 친구는 누굴 사귈지
· 자녀들은 어떻게 행동할지
· 손자들과 얼마나 가까이 살지
· 언제 은퇴할지

· 어떤 교회 공동체에 속할지

그리고 어느 순간 우리의 계획대로 되지 않는다는 것을 깨닫게 된다. 미래보다는 과거에 이루지 못한 욕망을 반영하는 그 스크랩북을 우리는 통제할 수 없다. 그럼에도 우린 여전히 우리의 삶을 통제하고 우리가 원하는 그림대로 꾸려가기 위해 애를 쓴다. 내려놓음은 어떤가? 하나님께 모든 것을 맡기고 '주님, 오셔서 제가 가진 모든 것으로 당신께서 원하시는 것을 행하소서.' 라고 기도한다는 것은 생각만으로도 두려운 일이다.

하나님께 모든 것을 맡기고 '주님, 오셔서 제가 가진 모든 것으로 당신께서 원하시는 것을 행하소서.' 라고 기도한다는 것은 생각만으로도 두려운 일이다.

하나님께서 그분의 계획의 한 부분으로 다음과 같은 것들을 계획하고 계시다면 어떨까?

· 미혼
· 고통
· 입양
· 까다로운 배우자
· 불임
· 원치 않는 거주지
· 아름다운 집 대신 작은 공동주택

· 암
· 거절
· 죽음
· 위험한 해외선교
· 경제적 어려움

하나님께서 내게 고통을 허락하신다면? 희생하길 원하신다면? 내 꿈이 하나도 이뤄지지 않는다면?

> 그분이 원하시는 '어떤 것이든' 하겠다는 것은 때로 내가 가진 모든 것을 요구한다.

그분이 원하시는 '어떤 것이든' 하겠다는 것은 때로 내가 가진 모든 것을 요구한다. 그래서 우리는 두려움과 맞닥뜨려야만 한다. 그리고 그분의 존재를 믿는다면, 그분의 영원한 사랑을 믿는다면, 그분이 우리의 일시적인 평안이나 비현실적인 스크랩북과는 다른 방향으로 움직이신다는 사실도 알아야만 한다.

어지러운 아프리카

친구 나탈리와 나는 말없이 앉아 식당메뉴를 보고 있었다. 교회 친구인 나탈리는 열정적이며 세상을 바꾸고자 했다. 내 주변에 이런 이상주의자가 있다는 것이 좋았다. 아프리카를 사랑하는 나탈리의 즐거움이 전염돼 나 역시 아프리카와 사랑에 빠졌다.

친구는 언제나 자신이 원하는 것을 정확히 알았고 식당에서 주문할 때도 시간이 많이 걸리지 않았다. 내가 메뉴판을 덮는 것을 출발신호 총소리로 여기며 기다렸다는 듯 두 손을 모으고 우리의 영혼에서 일어나는 일에 대해 이야기하기 시작했다.

이윽고 우리가 생각하던 주제, 미혼에 대한 이야기가 오갔다. 30대 중반이었던 나탈리는 결혼하고 싶어 했다. 하지만 여전히 싱글이었고, 무력감과 욕망이 폭풍우처럼 몰아치곤 했다. 친구는 결혼 자체보다는 자신에 더 몰두해 있었다. 아프리카에 선교단체를 세우는 일에 전념하고 있었고, 귀국해서는 주변 사람들을 희생적으로 사랑하고 돌봤다.

하지만 밤이 되면 그녀는 모든 사람들이 앞으로 나아가고 있는데 자신만 그 자리에 머물러 있다는 느낌을 받았다. 친구들이 둘째, 셋째를 낳는 동안 나탈리는 혼자 뒤처지는 느낌으로 배우자를 갈망하고 있었던 것이다. 우리가 살사 소스에 또띠야칩을 찍어 먹는 동안 나탈리에게 다시금 그 감정이 소용돌이쳤다.

"하나님이 나에게 무얼 원하시는 걸까?"

친구가 행복을 찾기 위해, 자신이 어쩔 수 없는 것들을 받아들이기 위해 고군분투하는 것을 보면서 마음이 아팠다. 나는 결코 뒤틀릴 수 없는 하나님의 품을 알고 있다. 무력감이 친구를 옴짝달싹 못하게 하고 있었지만, 하나님이 자신을 붙잡고 계신다는 것을 친구도 느끼고 있었다.

왜일까? 다른 사람들은 다 남편을 만났는데 이 친구만 못 만나고 있다는 느낌이 드는 것은 도대체 왜일까? 하나님은 친구에게 남편을 주지 않고 계시는 걸까?

7년 전, 친한 친구 카렌은 화장실에 들어갔다가 남편이 바닥에 쓰러져 숨이 멎어 있는 것을 발견했다. 두 살배기 딸은 문간에 서서 울고 있었고 친구는 하나님께 남편을 되돌려 달라고 울부짖으며 심폐소생술을 했다.

몇 주 전 카렌과 커피를 마시며 하나님께 '무엇이든 가져가셔도 좋다'고 고백하는 기도에 대해 이야기를 나눴다. 내가 좋아하는 예의 그 정직함으로 친구는 말했다. "제니, 난 그 기도 못할 것 같아. 내 삶을 하나님께 드리는 것 말야. 무슨 일이 일어날지 몰라서 두려워."

내 마음도 무거워졌다. 그런 기도를 한다는 것은 무언가를 포기해야 한다는 것이라는 걸 알고는 있었지만 그 무언가가 죽음을 의미하는 것은 아니라고 생각했기 때문이다. 카렌의 관점에서 하나님께 모든 것을 드리는 것은 생명을 포함한 그 어떤 것도 포기하는 일이었다.

카렌이 왜 그런 태도를 갖게 됐는지 이해할 수 있었다. 하나님의 계획이 지금보다 더 비극적인 것이라면 어쩌겠는가? 당연히 두려울 것이다.

카렌은 결혼했고 9살짜리 예쁜 딸 밑으로 남매를 두고 있었다. 삶은 계속됐지만 상실감은 없어지지 않았다. 이야기를 매듭지을 끈은 없었다. 친구는 남편을 잃은 아픔에서 벗어나지 못하고 있었다.

카렌의 이야기는 우리의 마음속 깊은 곳의 두려움을 보여준다. 당신이 가장 두려워하는 것은 무엇인가? 하나님이 허락하실지 모르는 가장 최악의 것은 무엇이라고 생각하는가? 우린 모두 '하나님은 사랑이 넘치고 선하시다'고 말하는데, 그분이 이상하게 변해서 욥에게 허락하셨던 것과 똑같은 고난을 우리에게 주시지 않으리라 확신할 수 있는가?

> 욥은 하나님을 가장 두려워했기 때문에 고통스러워했다.

욥은 그 누구도 아닌 하나님만을 두려워했기 때문에, 하나님은 사탄에게 욥의 모든 것을 취하도록 허락하셨다. 욥은 하나님을 가장 두려워했기 때문에 고통스러워했다. 욥기 36장에 보면, 욥 자신을 포함해 모든 사람들은 왜 하나님이 이처럼 신실한 사람에게 그 같은 고통을 허락하셨는지 의아해했다. '왜 이런 일이 나에게 일어나는가?' 이 질문은 나에게도 끔찍이 친숙한 것이다.

하지만 하나님은 욥에게 말씀하셨다.

내가 땅의 기초를 놓을 때에 네가 어디 있었느냐

네가 깨달아 알았거든 말할지니라
누가 그것의 도량법을 정하였는지,
누가 그 줄을 그것의 위에 띄웠는지 네가 아느냐
그것의 주추는 무엇 위에 세웠으며
그 모퉁잇돌을 누가 놓았느냐
그 때에 새벽 별들이 기뻐 노래하며
하나님의 아들들이 다 기뻐 소리를 질렀느니라
바다가 그 모태에서 터져 나올 때에 문으로 그것을 가둔 자가 누구냐
그 때에 내가 구름으로 그 옷을 만들고
흑암으로 그 강보를 만들고
한계를 정하여 문빗장을 지르고
이르기를 네가 여기까지 오고 더 넘어가지 못하리니
네 높은 파도가 여기서 그칠지니라 하였노라
욥 38:4~11

그분은 말씀하신다. "나는 하나님이며 내가 하는 모든 것을 알고 있다. 지금 겪는 일에 대해 두려워하는 것을 안다. 하지만 여기엔 나의 뜻이 있다. 파도를 멈추고 태양을 뜨게 하는 나를 신뢰하라."

그분은 하나님이시고, 우리의 고통이 그분의 영광을 위한 일이라면 받아들여야 한다.

피할 길은 없다. 그분은 하나님이시고, 우리의 고통이 그분의 영광을 위한 일이라면 받아들여야 한다.

말은 쉽지만 그렇게 살기 어렵다는 것을 나도 안다.

최근 나는 예수님의 육신의 어머니, 인생의 중반에 엄청난 변화를 겪은 여인인 마리아에 대해 공부했다. 우린 모두 짐을 지고 있으며, 하나님이 우리의 삶을 어떻게 만지실지 두려움이 있다. 마리아에 대해 공부하면서 그런 관점에 변화가 있었다.

마리아에게 성스런 소명을 전하러 온 천사가 있었다. 그 위대한 소명은 마리아의 희생을 요구했고 엄청난 고통도 뒤따랐다. 결혼도 하기 전에 임신한 사실로 인해 약혼자의 외면과 이웃의 학대를 받을 위기에 직면해 있었다. 또한 하나님의 아들을 기르는 데 따른 압박과, 그 아들이 고통당하며 죽어가는 모습을 봐야 하는 극심한 아픔도 겪어야 했다. 천사가 찾아온 후 이 모든 것들이 마리아 앞에 놓여 있었으나 마리아는 입을 열어 이렇게 말했다.

눅 1:38 "주의 여종이오니 말씀대로 내게 이루어지이다".

우리가 말하는 대로 이루어지도록 하자.

'주님, 저도 그런 삶을 살기 원합니다.'

'무엇이라도' 안에 들어 있는 '하지만'

종종 나는 기대를 저버린 거절의 말을 듣곤 한다. "하나님께서 아프리카로 가라고 하거나 그 정도의 희생을 강요하시면 어떻게 해?" 내게 아프리카는 희한한 고통과 동시에 흥미로운 일들이 일어나는 곳이다. 우리가 아프리카에서 태어나지 않았다는 것은 많은 것을 의미한다. 그들은 고통당하고 있지만 만족한다. 배고픔에 허덕이면서도 감사한다. 아픔을 겪었지만 강하다. 이런 면들은 상실에 대한 두려움 속에 살고 있는 우리에게 시사하는 바가 크다.

아프리카는 우리가 속으로 섬기고 있는 우상의 존재를 드러내는 도구다. 우리가 사는 나라를 떠난다는 생각만 해 봐도 우리가 하나님보다 더 사랑하는 것이 무엇인지 금세 알 수 있다. 아프리카로 가는 것만큼이나 무모한 어떤 일을 할 의향이 있는가? 무엇이든 기꺼이 버리는 일은, 기꺼이 어디든 갈 수 있으며 무엇이든 내려놓을 수 있어야 가능하다.

'버림'이란 말의 사전적 정의에는 확실히 대가를 치러야 한다는 뜻이 들어 있다.

버리다 1. 완전히 버리고 떠나다; 완전히 저버리다
2. 〈계획 · 습관 등을〉 그만두다, 단념하다
3. 〈저항 · 타협 없이〉 양보하다
4. 〈권리 · 주장 등을〉 버리다
5. 완전히 포기하다

우리는 삶을 완전히 버릴 준비가 돼 있는가? 저항 없이 우리 자

신을 하나님께 맡길 수 있는가?

'무엇이라도' 안에 '하지만'이 들어 있다면 그것은 '무엇이라도'가 될 수 없다. 하나님이 아닌 어느 누가 독생자를 잔인하게 죽임당하도록 해 인간들에게 영생을 주고 자녀로 삼을 수 있겠는가. 그런 하나님을 바라볼 때 '이것만 빼고 어떤 것이든'이라고 말하는 것은 핑계가 될 수 없다.

'무엇이라도' 안에 '하지만'이 들어 있다면 그것은 '무엇이라도'가 될 수 없다.

우리는 '누구든 무언가를 누릴 자격이 있다'고 말하는 세상에 살고 있다. 물론 우리가 이 땅에 태어난 이상 그 사실을 부인할 순 없다. 하지만 천국과 독생자를 주신 하나님을 믿는 한 우리는 다른 길이 있다는 걸 알고 있다. 그 길은 우리가 소유하고 있다고 믿는 권리와 우리의 계획을 내버리는 삶이다.

고후 4:17 "우리가 잠시 받는 환난의 경한 것이 지극히 크고 영원한 영광의 중한 것을 우리에게 이루게 함이니". 이 사실을 믿는 일은 거의 불가능할 정도로 어려워 보인다.

고후 4:18 "우리가 주목하는 것은 보이는 것이 아니요 보이지 않는 것이니 보이는 것은 잠깐이요 보이지 않는 것은 영원함이라".

이 말씀을 붙들고 사는 것만이 우리를 앞으로 가게 하는 유일한 방법이다.

하나님은 이 세상의 혼란 속에서 닻이 되어주신다. 그분 안에서 모든 혼란은 눈 녹듯 사라진다. 오스왈드 챔버스는 이렇게 말했다. "믿음은 하나님의 능력이 아닌 그분의 성품에 대한 온전한 신뢰이다."[4)]

하지만 천국을 꿈꾸는 일, 보이지 않는 하나님 안에서 소망하는 일은 무척 어려운 일이다.

무너진 담장

지난 밤 난 레이첼의 이야기를 듣고 있었다. 레이첼은 아름다운 아가씨로, 지난 몇 년 간 우리 교회 아이들을 희생적으로, 또 즐겁게 섬겨 왔다. 존재 자체로 빛나는 사람, 처음 본 사람인데도 꼭 안아주고 싶은, 바로 그런 사람이 레이첼이었다.

30분 동안 그녀가 처음 고백하는 이야기를 들으며 눈물이 흘러내렸고 마음이 요동쳤다. 그녀의 삶은 교회 안에서 아이들을 섬기는 여성이라기보다 드라마 '그레이 아나토미'에 나오는 주인공 가운데 한 사람과 비슷했다. 부모님이 싸움 끝에 결국 이혼에 이르는 동안 레이첼은 스스로 자신을 돌봤다. 외동딸인 그녀는 하나님을 온전히 의지했고 세상적인 것들은 모두 등졌다.

나중에야 아버지가 자신의 친부가 아니라는 것을 알게 됐다고 그녀는 털어놨다. 어머니가 유부남과 하룻밤을 보내고 자신을 임신했는데 아직 생물학적인 아버지는 만나보지 못했다고 했다.

어린 시절 친부가 편지를 보내 왔지만, 그 편지들을 한 번도 읽지 않고 버렸다고 했다. 친부에겐 아들이 둘 있었는데, 레이첼은 그들을 만나거나 그들의 삶에 끼어들어 방해하는 일 없이 지내고 있었다.

그녀를 길러주던 부모님이 이혼한 후 아버지는 재혼했다. 새어머니는 레이첼의 신분증을 도용해 카드빚을 지기 시작했다. 자체 발광에 보기만 해도 미소를 부르는 그녀가, 알고 보니 가족들에게 배반당해 빚 독촉으로 수많은 법정소송을 치르고 있었다. 교인들이 그녀를 변호해주기 직전까지 레이첼은 혼자서 이 문제를 감당하고 있었다.

나에게 자신의 이야기를 털어놓던 그날 밤 레이첼은 가족과 크리스마스를 보내러 집으로 향하고 있었다. 자신에게 고통을 준 바로 그 가족들 말이다. 그녀는 함께 기도해 달라고 했다. 일련의 일들을 통해 가족들에게 예수님을 보여주고 싶다고 기도하고 있었다. 어떻게 자신이 희생양이라는 생각을 안 할 수 있는지 그저 신기하기만 했다.

그때 내가 결코 잊을 수 없는 말이 레이첼의 입에서 나왔다.

"선해 보이는 것과 악해 보이는 것, 그 모두에 감사해야만 해요. 왜냐하면 우린 그것이 정말 선한지 악한지 알 수 없기 때문이에요." 그녀의 삶에서 가장 힘든 고난들이 가장 깊은 인간관계를 가져다주었다. 그 고난들은 결국 그녀가 가장 아름다운 것들을 분별하도록 했다. 고난을 통해 하나님을 더 잘 알게 된 것이다.

어릴 적 나는 눈앞에 '짠' 나타났으면 하고 간절히 바라던 모든 소망들을 하나님이 다 이뤄주실 것이라 믿고 기도하려 애썼다. 그 소망들은 모두 가능한 것처럼 보였다. 그리 나쁜 꿈이 아니었고 심지어 선한 것이라고도 할 수 있었다. 이제까지 해왔던 것처럼 선한 삶을 살고 있었고 그대로 되어가는 것처럼 보였다.

내가 좋아하는 것이면 그분도 좋아하실 것이라 생각했다. 겉으로는 선한 크리스천처럼 보였다. '어차피 하나님이 원하시는 거니까.' 이런 생각은 안전하고 편안했으며 모두가 나를 하나님을 사랑하는 아이, 화목한 가정의 일원으로 봐주었다. 그거면 충분한 것 아닌가. 내가 원하던 바였다. 진심으로 그거면 충분하다고 생각했다.

그런 식으로 찬송가에 둘러싸여 생활하던 내게 하나님은 일종의 윤리나 도덕 같은 개념으로 다가왔다. 하나님은 아메리칸드림이 된 것이다. 그분은 백인 공화당원이며, 모든 것을 안전하게 지켜줄 높은 담장에 둘러싸인 좋은 집과 훌륭한 가족을 주시기 원하는 듯했다.

성경에 보면 자기만의 용어로 하나님을 정의해 버리는 사람들을 발견한다. 그분을 완벽하게 통제하면서 자신들이 원하는 삶을 살아간다. 아담과 하와는 더 큰 힘을 원했기 때문에 하나님을 신뢰하지 않았다. 그들은 자신을 신뢰했다. 자기 신뢰의 끝엔 우리가 허락을 하건 말건 하나님께선 우리의 삶을 만들어 가신다는 자명한 사실을 무시할 때 벌어지는 혼란이 따라오기 마련이다.

> 우리가 허락을 하건 말건 하나님께선 우리의 삶을 만들어 가신다.

우리를 유혹하는 건 바로 통제권이다. 통제라는 것이 한낱 환상에 지나지 않을지라도 우리는 무슨 일이 일어날지 몰라 두렵기 때문에 언제나 스스로 통제하려고 한다.

모든 것을 보고 계시며 우리를 깊게 사랑하시는 하나님, 우리 삶의 선장이 되시는 하나님보다 우리 자신이 정녕 낫다고 생각하는가? 그래서 우리의 꿈이 담긴 스크랩북을 펼쳐놓고 혼자 마음이 바빠, 그분이 이미 우리와 함께 계시고 우리의 모든 걸음을 준비하고 계시다는 사실을 잊고 있는가? 그분이 우리 삶에 두신 모든 사람과 시간과 풍경들은 언뜻 혼란스럽게 보일지 몰라도 완벽하게 계획된 것들이다.

하나님에 대한 간절함은 고난을 통해 나온다. 그것은 그분이 원하시는 것일 뿐 아니라 그분의 계획이기도 하다. 일단 하나님께서 그것을 다루시면 끝난 일이나 다름없다. 그분은 우리를 오래 참으사 아무도 멸망치 않고 다 회개하기에 이르기를 원하시는 분이시다.(벧후 3:9)

우리가 말씀을 믿는다면 우리의 마음은 변덕이 심하고 전능하신 하나님은 선하시다는 것과 설사 고통을 허락하실 때조차도 우리를 지키시고 함께하신다는 사실을 믿어야 한다.

레이첼이 깨달은 것처럼, 도대체 어느 누가 선하고 악한 것을 가려낼 수 있겠는가. 천국이 임할 때까지 우리는 알 수 없다. 영생의 관점에서 보면 우리의 일시적인 꿈들이 깨지는 것들은 참을 만한 것이다.

하나님의 계획을 우리는 결코 알 수 없다. 그분의 길을 묻고 받아들이는 것은 우리 관점에서는 안전해 보이지 않는다. 더구나 눈에 보이지도 않는 하나님을 따라야 하는 불안과 두려움의 여정이다. 하지만 그분은 우리가 이 땅에서 지내는 짧은 인생에서 일어나는 모든 일을 명령하고 지휘하신다.

우리가 원하든지, 원하지 않든지 그분은 일하신다. 이 사실을 나와 관계있는 일로 만들려면 믿음이라는 도구가 필요하다. 믿음이 있어야 고통과 두려움보다 하나님을 먼저 보게 된다. 믿음은 다른 차원의 안목과 마음가짐이다. 보이는 것들과 이 땅에서 짧은 시간, 우리의 삶을 침범해오는 두려움과 스크랩북에 담긴 우리의 꿈 너머로 우리의 눈을 들어 영원을 보게 하는 안목인 것이다.

나는 주님을 신뢰하는가? 이 글을 쓰고 있는 지금 나는 여동생 브룩과 함께 콜로라도에 있다. 동생은 20주 만에 딸 루시를 조산했다. 하지만 동생은 예수님과 함께였고 "주님을 믿어."라고 울며 고백했다. 동생의 아름다운 고백을 듣고 나 역시 울었다. '주님, 우리 삶에서 어떤 일이 일어나든지, 심지어 가장 최악의 날에도 큰 믿음을 주소서.'

::07

짧고 빠르게 지나는 이 땅의 삶 내려놓기

그는 상담사들의 트레이드마크인 작은 안경 너머로 나를 바라봤다. 그의 태도와 시선으로 보건대, 무엇을 해야 할지 정확히 모르는 것이 느껴져 좀 초조했다.

그날 난 마음이 너무 심란해 상담을 받으러 갔다. 몇 년 동안 황폐한 삶을 살며 상처받고 환멸을 느껴온 터였다. 완전히 탈진했다고 말할 수 있었다. 바로 잡으려고 노력하고는 있었다.

당시 우리 부부는 아직 신혼이었고 온전히 자리를 잡지 못한 상태였다. 우린 안락한 삶을 떠나 신학교에 들어갔고 남편은 작은 교회에서 막 청소년 목회를 시작하려던 참이었다. 목회 현장은 서로 격려하며 감사 인사를 나누는 곳이 아니었다. 우린 성도들에게 실망했고 사람들 역시 우리에게 주저함 없이 실망감을 표현했다.

용기를 내 하나님을 따랐는데 왜 내 삶은 이렇게 통제 불능이 되었는가.

나는 완전히 질린 상태로 상담을 받으러 갔다. 다시 좋아질 수 있을까 싶을 정도로 모든 것이 오랫동안 엉망이었다. 지치고 지쳐서 하나님께 도움을 청할 기운도 없었다. 그분을 믿고 있었지만 내 안에 꼬인 것들을 어떻게 풀어가야 할지 막막했다. 나는 사무실에 앉아 생각했다. '앞으로도 일이 이렇게 힘들 거라면 내 삶을 하나님께 드린다는 것이 무슨 의미가 있는 걸까?'

마치 내가 그분의 노예가 된 것 같았다.

신학자 팀 켈러는 "만일 우리가 하나님보다 더 사랑하는 어떤 것이 있다면, 하나님보다 당신의 정체성에 더 중요한 의미를 지니는 게 있다면 주님을 믿더라도 바로 그것이 우리 삶의 힘이고 우상이다."[5]라고 말했다.

또한 어떤 것에 위협이 가해졌을 때 극단적인 반응을 취하게 된다면 그것도 우상이라고 부를 수 있다.

당시 내 삶의 모든 것이 위협받았고 나는 극단적으로 반응하고 있었다.

나는 영원한 세상을 위해 일하고 있었고 시간도 있었지만 하나님보다 더 사랑하는 것들에 끊임없이 집착하고 있었다. 켈러는 이런 상황에 대해 "옛 주인이 돌아와서 너는 죽게 될 거야. 거 봐. 넌 내가 필요하다니까. 나 없이는 살 수 없어.라고 말하는 것"[6]이라고 지적했다. 어떤 면에선 자유롭지만 다른 면에선 옛 주인들이 돌아와 손을 흔드는 것이라고 말이다.

그래서 우린 천국의 하나님을 대면하는 것보다 이 땅에서 우리가 사랑하는 것들을 잃게 될까 점점 두려워하는 것이다. 그것이 전 1:14 '모두 다 헛되어 바람을 잡으려는 것'이라 할지라도.

저 머나먼 천국

나는 텍사스 대학 강의실을 가득 메운 여학생들 앞에서 말씀을 전하고 있었다. 똑똑하고 무한한 기회와 축복이 앞날에 놓인 아름다운 소녀들. 하지만 집을 나간 아버지, 배신한 남자친구, 단절된 친구관계 등으로 모두 상처를 안고 있었다. 때문에 세상 모든 것을 가졌다 해도 매주 하나님을 만나러 왔던 것이다.

말씀을 통해 하나님이 위대하시다는 것을 알려주려고 나는 최선을 다했다. 예수님과 그분의 계획은 결국 선을 이루시며 천국에 가면 모든 것을 알게 된다는 사실을 전함으로써 그들에게 희망을 주고 싶었다.

하나님의 계획은 우리가 소외되고 버려지고 모욕을 당하면서도 그런 고통을 견뎌야 할 가치가 분명히 있는 일이라는 사실에 대해 많은 얘기를 했다. 어느 날 밤, 한 여학생이 손을 들더니 간결하면서도 중요한 얘기를 했다. 우리 모두가 한번쯤은 했던 생각이다.

"천국이 너무나 멀게만 느껴져요."

우리가 천국을 먼 미래가 아닌 바로 지금 느낀다면 삶은 이렇게 달라진다.

우리가 얼마나 빨리 80세가 되어 결국 인생을 끝내는가를 생각하며 나는 한숨을 쉬었다.

몇 분 후 어머니에게서 전화가 왔다. 하지만 나는 성경공부 때문에 받지 않았다. 집으로 돌아가는 차에서 전화를 드리자 외할머니가 돌아가셨다는 소식을 듣게 되었다. 순간 나는 천국을 느낄 수 있었다. 최근 나와 함께 식사를 나눴던 우리 외할머니는 더 이상 곁에 없는데도 말이다. 우리가 천국을 먼 미래가 아닌 바로 지금 느낀다면 삶은 이렇게 달라진다.

여덟 살 때의 일이다. 나는 분홍색 치마바지와 파란색, 초록색 하트 모양이 새겨진 흰색 티셔츠를 입고 있었다. 그리고는 아버지의 서재에 있는 소파에 누워 거칠거칠한 천장을 바라보며 생각에 잠겼다. 거기에 대단한 풍경이 펼쳐졌던 것도 아니고, 특별한 일이 있었던 것도 아니었다. 그냥 뚫어져라 바라봤다.

나는 거기에 누워 보통 사람들이 중년이 돼서야 알게 되는 사실 한 가지를 깨달았다. '내 삶이 너무도 빠르게 흘러가고 있어.' 여덟 살 때 시간이 너무나 빨리 간다고 느끼다니, 참 이상한 꼬마였다. 그로부터 몇 십 년이 지나 이 글을 쓰고 있는 지금 나에겐 당시의 나보다 더 큰 아이들이 있다. 겨우 몇 년 지난 것 같은 느낌인데 얼마 안 있으면 아이들을 대학에 보내야 한다. 모두의 삶이 그렇다. 너무나 빨리 간다.

고통스러운 기다림

친구 하나가 최근 해변에 놀라갔다가 바다거북이 알을 낳는 장면을 목격하게 됐다고 한다. 친구의 이야기를 듣고 있자니 신혼 시절 혼란스러운 마음으로 소파에 앉아 심리상담사와 얘기를 나누던 날이 떠올랐다.

바다거북은 뭍으로 나와 몇 시간이고 모래사장에 구멍을 파고 오십 개에서 이백 개 사이의 알을 낳는다. 그리고는 바다로 돌아간다. 몇 주 후 알이 부화하면 새끼들은 모래 구멍 안에서 돌봐줄 엄마도 없이, 거기가 어디인지도 모른 채 태어나는 것이다.

바다거북 새끼들도 길을 잃은 것 같은 느낌일 것이다. 하지만 그 모래구멍이 자신들의 집이 아니란 사실은 안다. 그곳은 불편하고 비좁고 어둡다. 집으로 삼기엔 형편없다. 새끼들은 본능적으로 구멍에서 기어 나오기 시작한다. 작은 몸으로 거대한 장애물들을 헤치고 낙오된 형제들을 지나쳐 최대한 빨리 기어간다.

밖엔 천적들이 우글거리기 때문이다. 바다에 도착하기까지 그 시간들이 영원처럼 길게 느껴졌을 것이다. '대체 언제쯤 목적지에 닿을 수 있는 거지? 얼마나 걸릴까? 왜 나는 여기 혼자 있는 걸까? 우린 지금 어디로 가고 있는 거지?' 새끼들은 작은 머리로 이렇게 생각할지 모른다.

어쨌든 사력을 다해 원래 자신들이 속한 곳을 향해 앞으로 앞으로 기어간다. 그런데 새끼들이 속한 곳은 어디인가? 모래가 집이 아니라면 도대체 어디가 집인지 어떻게 알 수 있단 말인가.

새끼 거북이들은 거대한 바다를 신화에 지나지 않는다고 생각하며 남아 있기로 결정할 수도 있다. 함께 있는 다른 거북이들도 바다를 보지 못했으니까 말이다. 혹은 그 길이 너무 힘들 거라고 단정 짓고 포기할 수도 있다. 바다로 가라는 본능의 목소리를 따르는 대신 가로등이나 호텔의 아름다운 불빛을 향해 가기로 결정할 수도 있을 것이다. 그러나 내면의 목소리를 따르지 않는다면 새끼 거북이들은 자신들이 속한 세상, 하나님이 예비하신 바다를 영원히 보지 못하게 될 것이다.

내면의 목소리를 따르지 않는다면 새끼 거북이들은 자신들이 속한 세상, 하나님이 예비하신 바다를 영원히 보지 못하게 될 것이다.

상담소도, 싸움과 슬픔과 두려움도 내가 속한 곳처럼 느껴지지 않는다. 무언가 힘들고 모래가 가득한 곳, 그래서 갇혀 있고 답답한 것 같은 느낌이 든다.

우리를 마비시키는 꽃

우리 부부에게 관심을 많이 써주시던 토미 넬슨 목사님은 '내가 만일 사탄이라면' 이란 주제로 얘기를 들려주셨다. 깊고 풍성한 울림의 목소리로 목사님은 말씀하셨다.

내가 만일 사탄이라면 당신에게 다음과 같이 할 겁니다. 당신을 속이고 실수하도록 만들 겁니다. 당신을 잘못된 길로 안내할 겁니다. 당신이 여전히 진리의 편에 서 있다면 당신을 타락시킬 겁니다. 당신을 부도덕하게 만들고, 당신의 입에서 상상할 수 없는 말이 나오도록 할 겁니다. 가십거리가 잔뜩 실린 타블로이드 신문처럼 지저분한 이야깃거리가 가득한 사람으로 만들 겁니다.

말하기 무서울 정도로 부끄러운 짓을 저지르도록 해 당신의 자신감을 완전히 제거할 겁니다. 죄의 길로 인도할 겁니다. 당신을 도덕적으로 완전히 삼켜버리기 위해 먹잇감을 발견한 사자처럼 조용히 민첩하게 움직일 겁니다.

만약 이 같은 일이 어려울 경우, 난 반대로 당신을 성공하도록 만들 겁니다. 당신을 타락시키는 게 실패했다면 당신의 주의를 딴 데로 돌릴 겁니다. 당신을 바쁘게 해서 더 이상 신성함이나 영혼을 위해 기도하지 않는 지경에 이르도록 할 겁니다.

기도는 일에 치여 우선순위 맨 아래쪽으로 밀릴 겁니다. 또 물질을 숭배하고 영혼에는 관심을 두지 않게 될 겁니다. 그것도 불가능하다면 나는 당신을 분열시킬 겁니다. 그것도 불가능하다면 당신을 포기해야겠지요. 그땐 뭘 할지 아십니까? 당신을 좌절시킬 겁니다. 그것도 안 된다면 당신을 죽여 버릴 겁니다. 갖은 수단을 동원해 당신을 죽일 겁니다. 그게 바로 내가 당신을 제거하는 전략이니까요.[7)]

이 이야기를 들으며 릭 라이어던이 쓴 '퍼시 잭슨' 시리즈가 생각났다. 첫 번째 이야기에서 퍼시와 친구들의 임무는 죽음의 여신 하데스로부터 어머니를 구하는 것이었다. 그러기 위해선 라스베가스 카지노에서 무기를 구해 와야 했는데, 카지노에 있는 사람들은 맛있는 연꽃 과자로 아이들을 유혹한다. 연꽃 과자는 아이들을 마비시켜 시간이 가는지도 모르게 만든다. 그때 퍼시가 깨어난다. 아직도 1975년인 줄 아는 남자와 마주친 후였다. 퍼시는 즉시 연꽃 과자들을 치워버리고 몽롱한 친구들에게 소리친다. "연꽃 그만 먹고 이제 일어나!"[8)]

즐거움에 취해 퍼시의 어머니를 구해야 하는 막중한 임무를 잊은 것이다. 아이들은 시간을 낭비하고 있었다.

누가복음 14장을 보면, 큰 무리가 예수님을 따르는 장면이 나온다. 예수님은 이렇게 생각하셨을지 모른다. '지금은 나를 따르는 것이 쉬우니 그렇게 하겠지만, 목숨을 내놓아야 하는 일이라는 걸 알게 된다면…….' 예수님은 무리에게 자신을 따르는 데 들어가는 희생에 대해 말씀하신다. 눅 14:26 "무릇 내게 오는 자가 자기 부모와 처자와 형제와 자매와 더욱이 자기 목숨까지 미워하지 아니하면 능히 내 제자가 되지 못하고".

우리는 다음과 같은 예수님의 명령을 알고 있다. 눅 6:27 "너희 원수를 사랑하며 너희를 미워하는 자를 선대하며".

그분은 말씀하고 계신다.

"깨어나라. 나를 따르는 것은 네가 아끼는 것, 네가 이 땅에서 사랑하는 모든 것을 버려야 할 수도 있는 일이다. 심지어는 네 목숨까지도 버려야 한다. 이 땅의 삶이 보잘 것 없이 작아지고 내가 정말로 크게 느껴지는 그때에야 네가 나를 진정으로 따르는 것이다. 이 땅의 삶을 사랑하는 것은 나에 대한 네 사랑을 절대적이지 못하게 한다. 그리고 그것은 네가 기꺼이 나를 위해 일하는 것도 방해한다."

주님의 말씀을 듣던 많은 이들이 다시 이전의 삶으로 돌아가고, 몇 안 되는 사람만 남아 있다가 몇 년 후 순교 당했다.

이 땅의 삶이 보잘 것 없이 작아지고 내가 정말로 크게 느껴지는 그때에야 네가 나를 진정으로 따르는 것이다.

하나님은 지나치리만큼 철저하시다. 우리가 그분보다 더 사랑하는 것이 없도록 하는 데는 타협하지 않으신다. 아브라함을 봐도 알 수 있다. 주님을 위해 아브라함은 무엇이든 할 준비가 돼 있었다.

아브라함은 하나님을 너무나 사랑해서 모든 것을 버리고 광야를 선택했다. 하나님이 살아 계심을 굳게 믿었던 것이다. 그래서 평생 하나님을 따르는 삶을 살았다. 창세기 17장에서 하나님은 아브라함에게 아들을 주셔서 열국의 아비가 되게 하시겠다고 약속하셨다. 아브라함의 아내 사라는 이미 잉태할 수 없는 나이였지만 그는 하나님의 약속이 이루어지길 간절히 소원했다. 나이가 점점 더 들면서 아브라함도 의문을 가졌지만 기적적으로 하나님께서는 아들을 잉태하는 복을 주셨고, 아브라함과 사라는 그 아들을 이삭이라 이름 지었다.

나도 내 아이들을 무척 사랑한다. 아이들이 캠프에 가거나 할아버지 댁에 오래 머무르면 보고 싶어서 몸이 아플 지경이다. 아이들이 어릴 적에 무언가를 삼켜 질식할 것처럼 보였을 땐, 피가 거꾸로 솟는 듯한 느낌에 재빨리 응급처치를 해주기도 했다. 아이들을 보호하고 구하기 위해 내가 못할 일은 없다.

아브라함은 평생 아들을 기다렸다. 그런 아브라함에게 아들 이삭이 얼마나 예뻤을지는 짐작이 가고도 남는다. 하지만 하나님은 처음으로 아브라함의 우선순위가 바뀌었음을 보셨다. 이삭이 너무 예쁜 나머지 그의 가장 소중한 존재가 된 것이다.

하나님은 무섭고 끔찍한 명령을 하신다. 외아들을 번제로 바치라는 것이다. 제정신이 아닌 것처럼 보인다. 이 이야기를 수십 번 이상 들었던 우리는 잠시 멈춰 생각해 볼 필요가 있다. 이 모든 것이 열정적으로 사랑하시고 질투하시는 하나님의 본성에서 나온 것이란 사실을 말이다. 이 땅에서의 삶은 짧다. 영원한 세상, 하나님을 삶의 중심에 놓는 일은 그 짧은 삶보다 훨씬 소중하다.

부모로서 가장 끔찍한 일을 맞게 된 아브라함은 이삭을 데리고 제단을 향해 오르기 시작한다. 하나님께서 실제로 이삭의 목숨을 취하지는 않으셨지만 아브라함은 기꺼이 바칠 준비가 돼 있었다.

이것은 우리가 만나지 않을 엄청난 차원의 희생이다. 그러나 사실 여러 우상들이 서로 우선순위를 차지하기 위해 매일 경쟁을 하고 있는 상황에서 우리 역시 그와 같은 선택의 기로에 늘 서있는 것이다. 그런데 과연 어느 누가 자식에 대한 부모의 사랑에 의문을 품겠는가. 나쁜 일도 아니지 않는가. 하지만 주님은 분명히 맨 처음에 명령하셨다.

출 20:3 "나 외에 다른 신을 섬기지 말라". "네 마음속에서 나와 다른 어떤 것도 비교하지 말라. 나에 비하면 모든 것은 희미할 뿐이어야 한다."

> 여러 우상들이 서로 우선순위를 차지하기 위해 매일 경쟁을 하고 있는 상황에서 우리 역시 그와 같은 선택의 기로에 늘 서있는 것이다. … 나쁜 일도 아니지 않는가. 하지만 주님은 분명히 맨 처음에 명령하셨다. … "나 외에 다른 신을 섬기지 말라".(출 20:3)

우린 이 땅에서 집을 짓고 저축을 하고 많은 활동들로 분주히 지낸다. 달리 말하면 명성과 우정을 쌓고 자녀들과 경력을 위해 투자하며 산다. 이 땅의 삶에, 아니 우리 자신에 집중한다. 그래서 눈에 보이지 않고 참으시며 또한 질투하시는 하나님만 빼고 보이는 모든 것과 사랑에 빠져 바쁘게 지낸다.

예수님은 말씀하신다. 눅 14:33 "너희 중의 누구든지 자기의 모든 소유를 버리지 아니하면 능히 내 제자가 되지 못하리라". 이 말씀으로 모든 것이 설명된다.

요약하면 이렇다. "연꽃 과자 그만 먹고 이제 일어나거라!"

✣

친구 데이빗은 외과의사다. 최근 그는 아내 카리사에게 가족들과 에티오피아 시골에 가서 병원을 열고 싶다고 말했다. 당연히 카리사는 걱정했다. 에티오피아 시골은 안전하지 않은 것처럼 느껴졌기 때문이다. 낯선 곳에서 담장이나 잠금장치도 없이 네 아이를 기를 생각을 하니 왜 안 그랬겠는가.

데이빗이 물었다. "무엇이 제일 두려워요?"

카리사가 답했다. "우리가 죽으면 어떡해요?"

중심이 천국에 있는 데이빗은 이렇게 말했다. "얼마나 영광스런 죽음인가요."

신혼 시절 상담실에서 울던 그때의 나를 돌아보면서 깨닫는 게 있다. 당시 난 행복을 위해 하나님께서 허락하실 것으로 믿던 것을 좇다가 완전히 실망해 있던 상태였다. 그런데 이제 보니 그때 느꼈던 아픔들은 모두 내가 하나님보다 더 사랑하는 것들이 결코 나를 만족시킬 수 없다는 걸 알게 하셨던 주님의 자비였다.

우린 이 땅을, 사람들을, 물질을, 나의 계획을 사랑한다. 우린 이 땅에서의 짧은 삶을 사랑한다. 그런 우리에게 하나님은 말씀하신다. "위를 봐야 한다. 이 세상의 것들은 빨리 사라지고 마는 것들이다. 이 땅에서의 삶은 그저 한 순간일 뿐. 훨씬 많은 것들이 저 위에 있다."

그때가 거의 왔다. 우리의 삶은 오직 그분을 위해서만, 그분의 계획 안에서만 잘 쓰일 수 있다. 무엇을 잃는 것이 그리 두려운가.

천국은 너무나 멀게 느껴져서 우린 잊고 산다. 하지만 천국은 실재하고 곧 이 땅에 임할 것이다.

part 2

Praying anything

기도와 '무엇이라도'

책에서 저자는 '하나님, 무엇이든 하겠나이다.' 라는 간단한 기도를 권한다. 그것이 우리에게 어떤 의미가 될지 섣불리 판단하지 않는다. 그래서 저자의 글은 내게 더 설득력이 있다. 저자는 갑작스런 결단이나 극적인 경험을 강요하지 않는다. 대신 순종에 대한 신선한 견해를 통해 진심으로 믿으라고 말한다. 이 강력한 책에 대해 할 얘기가 차고 넘친다.

에밀리 P. 프리먼 | Grace for the Good Girl의 저자

::08

예쁜 커튼을 뜯어내고 잠 깨기

남편 잭과 나는 시내의 깨끗한 이탈리아 음식점에서 친구들을 만나고 있었다. 어둡고 아늑한 분위기 덕분인지 깊은 대화를 나눌 수 있었다. 그날 아침 나는 블로그를 시작하고 첫 번째 글을 올렸다. 왜 글을 쓰고 있는지는 몰랐다. 다만, 그날 밤 하나님께선 우리의 삶을 믿을 수 없을 만큼 극적으로 바꿔 놓으셨다. 하필 블로그를 시작한 그날 그 일이 벌어졌다는 사실이 믿어지지 않을 정도다. 마치 새로운 인생이 시작되리라고 선언한 게 된 것이다.

보통 저녁식사 자리에선 날씨 얘기부터 시작해 자녀들, 재미있는 사건과 최근 만난 사람으로 화제가 옮겨가기 마련이다. 그러던 중 친구 하나가 우간다와 인연이 깊은 한 아가씨에 대해 이야기를 했다. 당시엔 그 이야기가 내 삶을 바꿀 줄은, 하나님께서 이야기에 등장하는 여인을 통해 내 삶의 안락함을 옮기실 줄은 꿈에도 생각하지 못했다.

내쉬빌의 부촌에서 자란 21살 케이티 데이비스는 고등학생 때 우연히 엄마를 따라 우간다에 갔다. 학교에선 늘 일등이었고 노란색 스포츠카에 잘생긴 남자친구까지 모든 게 완벽했던 케이티는 어디든 원하는 대학에 갈 수 있었다. 하지만 대학에 가기 전, 그녀는 부모의 기대를 저버리고 1년 동안 우간다에 있기로 했다.

그해 하나님은 그녀가 다시 집으로 돌아가 평범한 대학생활을 하는 대신 우간다로 그녀의 마음을 움직이셨다. 집으로 돌아가 보려고 했지만 불행하기만 했다. 하나님께서 우간다로 부르고 계시다는 것을 알고 있었기 때문이다. 그것도 영원히. 결국 그녀는 모든 것을 두고 우간다로 떠났다. 현재 케이티는 버려진 아이를 입양해 13명의 소녀와 함께 우간다에 살고 있다. 친구가 그녀의 삶에 대해 이야기하는 동안 내 심장은 터질 것처럼 뛰고 있었다. 머릿속에선 너무나 많은 질문이 빙빙 돌고 있었다.

'케이티를 돕는 사람들이 있을까?'

'그녀의 부모님은 어떤 심정일까?'

'그렇게 살기엔 너무 어린 나이 아닌가?'

'친구들은 필요 없나?'

'안전하긴 한가?'

'결혼은 안 할 생각인가?'

이런 질문들은 하나님을 위해서라면 '무엇이라도' 하겠다는 마음과는 거리가 있음을 드러내고 있었다. 나는 아직도 '내 삶은 안전하고 안락하고 희생은 많지 않아야만 해.' 라는 틀 속에서 하나님을 제한하고 있었던 것이다. 그 순간 이후론 내가 뭘 먹었는지, 누가 무엇을 말했는지 기억나지 않는다. 어서 빨리 집으로 돌아가 케이티란 아가씨의 블로그에 들어가 보고 싶은 생각뿐이었다. 그날 밤 늦게까지 나는 그녀가 써놓은 글들을 읽고 또 읽었다. 거기엔 이런 글들이 올라와 있었다.

나는 아직도 '내 삶은 안전하고 안락하고 희생은 많지 않아야만 해.' 라는 틀 속에서 하나님을 제한하고 있었던 것이다.

이제까지 나는 세상이 중요하다고 말하는 모든 것을 갖고 있었다. 고등학교에선 학생회장이었고 축제의 꽃인 '홈커밍 퀸'이었다. 잘생긴 남자친구와 데이트했고 예쁜 차를 몰고 다녔다. 내 성공을 적극적으로 지지해주는 부모님은 내가 원하는 대학이면 어디든 학비를 지원해주실 터였다. 하지만 나는 예수님을 사랑했다. 예수님은 니고데모에게 천국에 들어가려면 다시 태어나야 한다고 말씀하셨다. 천국에 들어가는 방법을 묻는 또 다른 남자에겐 자신의 소유를 모두 팔아 가난한 사람에게 나눠준 뒤 다시 와서 따르라고 하셨다. 나는 예수님을 따라 행동하지 않고 그분을 사랑하고 찬양하고 있었다는 것을 깨달았다. 나는

> 내 삶을 내려놓았다. 원래는 대학 가기 전 잠시 동안만 그렇게 할 작정이었지만 그건 불가능했다. 인생에서 중요한 것이 무엇인지 깨달은 후 모르는 척 살아갈 순 없었다. 그래서 다시 내 삶을 내려놓았다. 이번엔 평생이었다. 대학을 포기했고 예쁜 청바지와 자동차도 버렸다. 이제 나에겐 세상이 중요하게 여기는 것들은 하나도 남아 있지 않다. 하지만 내가 아는 중요한 것들은 모두 갖고 있다. 이토록 행복한 적은, 내 주님과 이렇게 가까웠던 적은 없다. 하나님께선 내 삶을 흩뜨려 놓으신 뒤 다시 아름답게 재창조하셨다. 나는 그분과 사랑에 빠져 있다.[1)]

그 글을 읽을 당시 내 삶은 산산조각 나 있었다. 눈물이 하염없이 흘러내렸다. 마음이 아팠다. 그동안 내가 쌓아올린 우상들은 그날 밤 내 눈물과 함께 욕실 바닥으로 흩어졌다. 내가 쌓아왔던 삶이 깨져 버렸다. 비통했다. 내 마음속에 울리는 하나님의 목소리보다 부모님의 의견을 더 중요하게 생각했던 순간이, 내가 그토록 원하던 예쁜 커튼들이, 나에 대한 다른 사람들의 의견에 너무나 신경을 쓴 나머지 그들에게로 넘어가 버린 내 삶의 주도권이, 가짜 신들 곁에 쌓아 올린 내 삶이, 실제 천국과는 너무도 멀리 떨어져 있는 가짜 천국이, 고통 받는 사람들을 외면한 채 나를 위해 지나치게 많은 것들을 소비해 온 삶이, 하나님을 위해 내 삶과 재능을 사용하는 대신 뒤로 물러나 스스로 삶을 지배하는 내 자신이, 이 땅에서의 짧은 삶을 던져버리는 대신 작은 문제에 전전긍

궁해 온 시간들이…….

그때 하나님이 보였다. 진짜 하나님이 보였다. 하나님은 왕좌에 앉아 나에게 시선을 고정시키신 채, 왜 당신이 아닌 나 자신의 안락함만을 쫓는지 묻고 계셨다. 왜 나는 그분보다 사람들을 더 많이 사랑했는가? 그분을 아는 데 쓰라고 주신 재능을 왜 그냥 뭉개고 깔고 앉아 있는가? 그분이 아닌 사람들의 평가가 더 신경 쓰였기 때문은 아닐까?

왜 나는 그분보다 사람들을 더 많이 사랑했는가? 그분을 아는 데 쓰라고 주신 재능을 왜 그냥 뭉개고 깔고 앉아 있는가?

이 글을 쓰고 있는 순간에도 눈물이 흐른다. 하마터면 평생을 낭비하며 살 수도 있었기 때문이다. 그분의 개입과 뜻을 알아채지 못했더라면 어땠을까. 내 소유를 잃지는 않을까 전전긍긍하는 그런 평범한 삶에 갇혀 있었을 것이다. 하지만 그분은 내 눈을 들게 하셨고, 나는 눈물 고인 욕실 바닥에서 그분을, 천국을, 고통 속 암흑을, 내 영혼을 볼 수 있었다. 그러자 가능할 것 같지 않은 한 가지가 너무나 완벽하게 이해됐다. 나는 기꺼이, 너무도 간절하게 '무엇이라도' 할 준비가 됐음을 깨달았다.

우산 장식이 꽂힌 음료 한 잔

그날 밤 욕실 바닥에서 나는 그분께 고백했다. '지금 이 순간부터 모든 것이 변화될 것입니다. 저는 주님을 뵐 그날을 위해 살아가겠습니다. 온 우주의 주인인 하나님께서 원하시는 것은 무엇이든 기꺼이 하다가 숨이 끊어지는 순간 천국에 들어가고 싶습니다.'

'지금 이 순간부터 모든 것이 변화될 것입니다. 저는 주님을 뵐 그날을 위해 살아가겠습니다. 온 우주의 주인인 하나님께서 원하시는 것은 무엇이든 기꺼이 하다가 숨이 끊어지는 순간 천국에 들어가고 싶습니다.'

케이티는 아프리카와 멀리 떨어진 곳에 살던 평범한 10대 소녀였지만, 자신의 스크랩북을 버리고 불편한 삶을 선택했다. 예수님을 사랑하기 때문이다. 하나님께서 모든 것을 바꾸신 것이다. 그녀의 일상은 모두 창밖으로 던져졌다.

사람들은 저마다 자신이 있어야 할 곳에 있고, 하나님은 그분의 세계에 계시다.

케이티는 모든 것을 포기했고 온전히 순종했다. 의문은 사라지고 없었다. 이 땅의 삶을 버리고 영원에 초점을 맞춘 것이다. 절체절명의 순간 그녀는 하나님이 살아 계심을 볼 수 있었다. 하나님은 살아 계시며 그녀의 가장 친한 친구이며 모든 것이 되셨다.

고등학교 시절 주변의 크리스천들을 돌아보며 믿음을 새로이 했던 기억이 떠올랐다. 당시 난 이렇게 생각했다. '하나님은 살아 계시며 곧 우리 모두 천국으로 가게 된다는 사실을 모두가 받아들이지 못하는 건가? 모든 것이 변해야만 해!'

그 후 신학교에 가서 하나님에 대해 더 많이 알게 됐다. 수업시간에 천국과 지옥, 영적전쟁과 영원한 삶에 대해 들으면서 나는 친구들을 흔들어 깨우고 싶었다. 어떻게 이렇게 중요한 이야기를 마치 '영화 보러 갈까, 밥 먹으러 갈까'를 결정하는 사람들처럼 덤덤하게 말할 수 있는지 이해할 수 없었다.

그러다가 마침내 우간다에 있는 소녀 케이티의 글을 읽고 내 삶은 변했다.

케이티의 블로그를 읽는 동안 내가 느꼈던 기분을 가장 잘 묘사하자면 아마도 이쯤 될 것 같다. 나는 망망대해를 유유히 떠가는 아름다운 유람선 갑판에 누워 우산 장식이 꽂힌 음료수를 마시고 있다. 주위엔 수영을 하거나 친구와 갑판을 걷는 사람들로 가득하다. 그러다가 갑자기 스피커에서 선장의 놀란 목소리가 소리친다.

"이 배는 가라앉고 있습니다. 곧바로 모두 구명보트를 타세요!" 신학교 시절과 십자가 앞에서 무릎 꿇던 밤들, 하나님은 너무나 생생했고 바로 이런 순간처럼 다가오셨다.

당연히 나는 음료수를 던져버리고 구명보트로 달리기 시작한다. 하지만 거기엔 나 혼자다. 다른 사람들은 유유자적 휴가를 즐기느라 느긋할 뿐이다. 받아들이기 어려운 상황이고 무얼 할지도 모른 채 주위를 둘러본다. 모두가 즐겁고 안전한 듯 보인다. 그래서 나는 다시 자리로 돌아와 음료수를 마시며 잡지를 읽는다. 아마도 내가 헛들은 모양인가보다.

하지만 마음속에선 계속 이런 소리가 들려온다. '무언가가 잘못

됐어. 배가 가라앉을 것 같아. 여기서 한가로이 앉아 있던 사람들은 모든 걸 잃게 될 거야.' 그런데도 나는 음료수를 홀짝이고 있다. 안 그러면 이렇게 평온한 날 혼자 구조선으로 달려가는 나를 모두가 미친 사람으로 생각할 것이기 때문이다. 선장의 간절한 목소리가 스피커에서 이따금씩 흘러나오지만 모두가 미동도 않는다. 나도 아직 닥치지 않은 현실을 외면한 채 안락함으로 돌아온다.

내 휴가는 끝났고 내가 진리라 믿고 있는 것들을 진심으로 받아들이게 됐다. 배가 가라앉고 있다는 막연한 생각과 모두가 태연자약 음료를 마시고 있다는 것이 모두 사실이었던 것이다.

그러던 어느 날 케이티의 글을 본 것이다. 반대편에서 주변 사람들을 구하기 위해 손을 흔들며 고군분투하는 다른 승객을 본 것처럼. 잠깐 봤을 뿐인데도 어마어마한 현실이 실감나기 시작한다. 선장의 목소리는 더욱 더 분명하게 들려온다.

케이티의 블로그를 읽은 그날 밤, 내 휴가는 끝났고 내가 진리라 믿고 있는 것들을 진심으로 받아들이게 됐다. 배가 가라앉고 있다는 막연한 생각과 모두가 태연자약 음료를 마시고 있다는 것이 모두 사실이었던 것이다.

하나님이 살아 계시고 이 땅에서의 삶이 중요하지 않다는 불편한 진실이 계속 떠올랐다. 안락함도, 예쁜 커튼도, 다른 사람이 나를 좋아하고 인정해주는가도 중요치 않았다. 천국이 다가오고 있었고 하나님의 목소리는 분명했다. 모든 게 괜찮은 척하는 연기는 그만둬야 했다.

케이티의 블로그에는 다음과 같은 글도 있었다.

누군가 내게 물었다.

"정말인가요? 당신이 말하는 대로 정말 그렇게 대단한 일인가요? 나라면 절대로 그렇게 못할 것 같아요. 그래서 정말 행복한가요?"

궁금해 하는 많은 분들을 위해 여기에 답변을 남긴다.

내가 가끔 하고 싶은 것이 무엇인지 아시는지. 쇼핑몰에 가서 예쁜 신발을 사는 것이다. 식탁에 앉아 친구들과 수다를 떨며 쿠키 아이스크림 한 통을 깨끗이 비우고도 싶다. 그레이 아나토미 같은 드라마를 보고 싶다. 남자친구와 꼭 붙어 있고도 싶다. 예쁜 차를 타고 대형마트에 가서 먹고 싶은 것들을 다 사고 싶다. 아침을 나 혼자가 아닌 식구들과 맞고 싶다. 남동생과 친구들을 데리고 영화관에 가서 블록버스터 영화를 보여주고 밤엔 간식도 만들어주고 싶다. 친구와 남자얘기며 패션, 학교생활 등에 대해 떠들며 편안하게 시간을 보내고 싶다. 운동도 하고 싶다. 머리도 손질하고 싶다. 짧은 청바지도 입고 싶다. 미국에 있는 평범한 십대들처럼 살고 싶다. 정말이다.

하지만.

내가 항상 더 원하는 것은 이거다. 매일 영적으로 충만하게 살고 싶다. 아이들 100명에게 꼭 붙어서 사랑받고 매일 웃으며 살고 싶다. 내가 기르는 수탉과 개 두 마리, 너무나 아름다운 나일 강의 풍경을 보며 아침을 맞고 싶다. 끊임없이 도전받고 배우고 성장하고 싶다. 내가 가르치는 사람들로부터 교훈을 얻고 싶다. 하나님을 잘 모르는 사람들과 그분의 사랑을 나누고 싶다. 열심히 일해 저녁엔 꼼짝도 못할 정도로 피곤한 채로 하루를 정리하고 싶다. 주님께서 필요로 하고 쓰임 받고 중요한 사람이 되고 싶다. 변화를 만들며 내 마음 깊은 곳에서 말씀하시는 그 음성을 따라 살고 싶다. 매 호흡, 매 순간 주님을 섬기는 삶을 살고 싶다. 나는 이곳에 있고 싶다. 다른 어느 곳도 아닌 이곳에.[2)]

케이티의 블로그를 읽은 다음 날, 나는 더 크고 아름다운 꿈을 향해 나아갈 준비가 돼 있었다. 더 이상 사람들이 죽어가는 수영장 가에서 음료를 홀짝이며 안락함을 누리는 내가 아니었다. 이제껏 내 삶의 하이라이트는 케이티의 이전 삶과 비슷했다. 스타벅스에 가거나 아이들과 리얼리티 쇼를 보거나 친구들과 멕시코 음식을 먹으러 다니는 것 등등. 그날 밤 주님은 내 현실을 뒤흔드셨고 나는 더 많은 것을 원하게 됐다. 선장의 목소리에 순종해서 안락함을 버리고 케이티를 따라 최대한 팔을 흔들어 많은 사람들을 구조선으로 안내할 준비가 된 것이다.

::09

새로운 시각
진짜 변화

아무리 멋진 꿈을 꾸더라도 잠에서 깨면, 태양은 어김없이 떠오르고 우린 잠자리에서 일어나 아침을 먹고 접시를 쌓아놓는다. 하나님을 새롭게 만나고 난 다음 날 아침도 마찬가지였다. 일상이 밀려들었다. 그날 저녁을 먹기 직전까지 펼쳐졌던 현실이 딱 평소만큼의 요구와 기대로 나를 떠밀고 있었다.

가끔 하나님이 사람보다 더 생생하게 느껴질 때가 있다. 드물지만 가끔 그분은 신비롭고 강력한 방법으로 나타나신다. 그럴 때는 그분의 임재를 부인할 길이란 없다. 이렇게 희귀하고 짧은 만남 후엔 그분이 우리를 기다리고 계시다는 것을 느낄 수 있을 만큼 모든 게 생생하다.

그 느낌이 가시기 전 잠깐 동안 우린 눈을 감고 하늘과 예수님의 성흔을 그려볼 수 있다. 또한 하나님께서 말씀만 하신다면 팔이라도 잘라 드릴 수 있을 것만 같다.

그러다가 그 느낌은 사라진다. 그분이 살아 계심을 알고는 있지만 영혼 깊은 곳은 점점 무뎌진다. 하나님은 여러 번 나타나셨고 그것이 사실이라는 걸 알고 있다. 그 순간들이 지금까지의 나를, 내 삶을 만드는 데 큰 힘이 되었다는 것도 알고 있다. 그럼에도 곧 일상으로 돌아가 하나님을 잊곤 한다.

그러나 다 먹은 접시를 쌓아올리던 그날 아침엔 느낌이 좀 달랐다. 나도 나니아 연대기의 옷장을 발견하고 모피 코트 사이로 통과했던 순간이었다. 말하는 동물과 전쟁으로 가득한 모험의 땅이 있는 곳을 발견한 후, 집안에서 숨바꼭질이나 하던 것은 이제 시시한 것이 되고 말았다.

그렇다면 이제 나는 무엇을 할 것인가? 무턱대고 아프리카 행 비행기에 올라탈 수는 없는 일이었다. 내가 가야 할 곳이 아프리카인지 아닌지도 확실하지 않다. 뭘 해야 할지 몰라서 나는 기도를 한 후 설거지를 마저 끝냈다.

하나님의 숨결이 생생하게 느껴지는 한 나는 과거의 나로 돌아가지 않을 것이었다. 마음 깊은 곳에서 이번 만남은 그저 내 삶을 형성하는 수준이 아닌, 내 삶을 정의하는 것이 될 거란 사실이 느껴졌다. 내가 잠에서 깨어나는 순간이었다.

하나님과의 계약

대학에 다닐 때 CCC(대학생선교회) 창립자인 빌 브라이트 박사를 직접 만날 기회가 있었다. 브라이트 박사는 평범하고 겸손했다. 특별히 키가 크거나 잘생기지 않았지만 하나님께 헌신한 사람임은 확실히 알 수 있었다. 당시 그분은 매년 하는 40일 금식에 돌입하던 중이었다. 자신의 삶을 온전히 하나님의 뜻대로 재배열하기 위함이었다. 브라이트 박사는 하나님과 천국의 사람이었다.

하지만 늘 그랬던 건 아니었다. 그분이 돌아가시기 전 산소튜브를 끼고 인터뷰를 한 적이 있다. 젊을 때 하나님을 알기 전 그분은 야심가였노라고 말했다. 브라이트 박사와 아내 보네트 사모님은 할리우드에서 사업을 하며 플로리다 주 벨에어에 집을 짓는 것이 꿈이었다. 그러던 어느 날, 하나님은 브라이트 박사를 할리우드의 한 교회로 인도하셨고 거기서 예수님을 만났다.

결혼생활이 2년쯤 지났을 때 하나님은 브라이트 박사 부부에게 모든 것을 요구하셨다. 그분들은 삶 전체를 포기하고 무엇이든 할 준비가 되어 있었다. 그리하여 1951년, 사업가였던 브라이트 박사는 자신의 삶과 미래, 돈, 그 밖의 모든 것을 하나님께 넘기겠다는 계약을 했다.

만 하루가 지나 하나님은 박사를 만나 전 세계를 다니는 비전을 보여주셨다. 바로 CCC가 탄생하게 된 배경이다. 박사는 인터뷰에서 이렇게 말했다. "제 생각에 그 계약이 없었다면 아무 비전도 없

온전한 신뢰가 없다면 비전도 없다.

었을 겁니다. 우리가 온전히 순종했을 때 하나님은 우리를 그곳으로 데려가셨습니다. 그 당시 우리를 신뢰할 수 있다는 것을 아셨던 거죠."[3]

온전한 신뢰가 없다면 비전도 없다.

창립 60년을 넘긴 CCC는 전 세계 190여 개 국에서 2만7천 명을 훈련시켜 8억 명에게 복음을 전했다.

2003년 7월19일, 브라이트 박사는 본향으로 돌아가셨다. 그날 8천 명의 CCC 스태프들과 자원봉사자들은 2년에 한 번씩 열리는 컨퍼런스에 참여하기 위해 콜로라도 주의 모비 체육관에 모여 있었다. 브라이트 박사의 서거 소식이 전해지자 그곳에선 애도와 축복의 예배가 시작됐다. 컨퍼런스를 이끌던 사회자는 브라이트 박사의 선교활동으로 예수님께 나온 사람이 있다면 모두 일어나 달라고 요청했다. 기쁨의 눈물로 많은 사람들이 자리에서 일어섰다. 기쁨의 찬양이 체육관에 차고 넘쳤다.

브라이트 박사는 자신의 삶을 내려놓았고, 하나님은 그를 통해 수만 명의 사람들이 영원한 세계로 오도록 이끄셨다. 나도 그 같은 준비가 되어 있는가?

그날 아침이 지난 후 그동안 내가 언제나 진실이라 믿어 왔던 것들이 떠올랐다. 순종이란 매일의 삶에서 자신을 죽이는 것이었고 대부분은 굉장히 막연했다. 점심을 만들고 친구와 갈등을 풀고 화장실 바닥을 청소해야 했다.

내 남편은 두 번째 데이트에서 나를 11시간이나 운전해 집에 데려다주었다. 나는 평범하게 살기 싫어하는 이상주의자였다. 남편은 열심히 섬기는 사람이었고, 하나님을 진심으로 따르는 많은 사람들처럼 삶이 복잡하지 않았다.

마음에 하나님이 살아 계시면 우리도 하나님처럼 살게 된다. 말씀을 읽고 순종하게 되는 것이다. 남편은 나처럼 감정적이지도 않고, 욕실 바닥에서 하나님과 드라마틱하게 만나는 그런 사람도 아니다. 하지만 하나님을 영혼 깊이 믿고, 실제적이고 질서 정연하게 자신의 삶을 드린다.

그래서 자신의 아내가 "그동안 무심하게 살아왔으나 이제 다르게 살고 싶어요. 집을 팔고 입양도 하고 아프리카에도 가고 싶고 재산을 모두 기부하고 싶어요."라고 고백했을 때 그는 이렇게 반응했다.

"그럽시다."

물론 이게 모든 사람들의 현실은 아니다.

어쩌면 이 글을 읽는 독자들의 배우자는 하나님을 모르는 사람일지도 모른다. 혹은 친구들이나 부모님은 진짜 있는지조차도 확실치 않은 하나님을 위해 위험을 감수하는 걸 절대 이해하지 못할지도 모른다.

순종에는 당신이 중요하게 생각하는 신실함을 전혀 이해하지 못하는 배

순종에는 당신이 중요하게 생각하는 신실함을 전혀 이해하지 못하는 배우자나 가족들을 조건 없이 존중해주는 일도 포함된다.

우자나 가족들을 조건 없이 존중해주는 일도 포함된다. 이것은 매우 민감한 주제다.

여자로서 남편과 가족들을 챙기는 일은 통제를 벗어난 것처럼 느낄 때가 많다. 하지만 하나님을 신뢰하고 그분의 뜻에 순종하는 일은, 우리의 인간관계에 대한 그분의 계획에 참여하는 일이기도 하다.

남편의 뜻을 존중하지 않는 것은, 아내로서 남편이 필요하지 않고 그들이 우리 아내들을 이끌 수 없으며 아내가 남편보다 민첩하고 사려 깊으며 하나님을 더 사랑한다는 것을 알려주는 것이 된다. 남편이 열등감을 느끼도록 하는 것은 하나님의 뜻이 아니란 사실을 알아야 한다.

우리 부부도 한 마음이 되기까지 대가를 치렀다. 수 년 간 상담을 받고 싸우면서, 하나님이 리더 유형의 두 사람을 잘못 붙여 놓으신 것이 아닌가 생각했다. 하지만 우리의 자아가 죽는 것 같은 느낌이 들 때조차도 우리를 하나로 만드시기 위한 하나님의 계획이 있었음을 깨닫는다. 실제로 우리의 일부는 죽었지만 그분의 계획이었기에 아무 탈이 없었다.

하나님께 순종해 부부가 하나가 되는 것이 모두에게 가능한 일은 아니다. 하지만 열국의 왕을 다스리시는 그분이 배우자와 사랑하는 이들의 마음도 살피고 계시며 끊임없이 말씀하신다는 것을 기억해야 한다. 요 13:35 “너희가 서로 사랑하면 이로써 모든 사람이 너희가 내 제자인 줄 알리라”.

그러므로 하나님께서 당신을 움직이셔서 부르실 때 사랑하는 이들이 함께하지 않겠다고 한다면, 그들을 계속 사랑하며 하나님을 기다리면 된다. 그분께 순종하면 된다. 결혼한 사람이라면, 하나님과 배우자가 참여하지 않는 원대한 계획을 혼자 세우지 않도록 주의해야 한다.

우리의 사랑을 통해 우리는 배우자와 가까운 이들에게 하나님을 보여주는 것이다. 그들을 향한 완전한 순종을 통해 하나님은 일하신다.

전염성

남편도 자신만의 아름답고 고유한 방식으로 같은 자리에 서 있었다. 그는 무엇이든 할 준비가 돼 있었다.

남편도 나만큼 케이티의 블로그에 빠져 있었고, 곧이어 있었던 부활절 설교에서 영원히 잊을 수 없는 이야기를 했다. 그리스도께서 다시 살아나신 일이 없었다면 우리는 내일 죽을 거니까 먹고 마시자고 했을 것이라고. 하지만 그리스도께서 죽음으로부터 다시 살아나셔서 모든 것이 달라졌다고.(고전 15:17,23)

영생의 하나님을 믿는 자들에게 그분을 위해 우리의 삶 전체를 드리는 것이 특별한 일이 되어서는 안 될 것이다. 그분을 믿는다면 누구나 그렇게 해야 한다.

남편 잭의 마음속에도 온통 그 생각뿐이었다. 두 가지 가운데 하나는 사실이었다. 하나님이 안 계셔서 우리가 죽은 후 사라진다면, 온 우주의 하나님은 위대하시다는 얘기도 신경 쓸 필요가 없다. 하지만 하나님께선 우리의 죄를 사하시고 구원하시기 위해 독생자를 이 땅에 보내셔서 십자가 위에서 피 흘리게 하셨다.

영생의 하나님을 믿는 자들에게 그분을 위해 우리의 삶 전체를 드리는 것이 특별한 일이 되어서는 안 될 것이다. 그분을 믿는다면 누구나 그렇게 해야 한다.

부활이란 것을 당연시하기 쉽다. 하지만 사람이 죽은 후 사흘 만에 부활해서 걷고 먹고 말하는 것을 보게 된다면 삶은 영원히 바뀔 것이다. 그분은 자신이 하나님임을 보여주셨다. 이것이 우리가 믿는 믿음이다.

그 믿음은 모든 것을 흔들어 놓을 만큼 강력한 것이다. 진리에 사로잡힌 사람들은 멀쩡해 보이는 배에서 구명보트를 타라고 열심히 팔을 흔드는 사람들처럼 바보스러워 보이기도 할 것이다. 미친 사람들처럼 보이기도 할 것이다. 그러나 우리의 삶은 그저 공허한 것이 아닌 그 이상의 의미가 있다는 것을 그들은 알기 때문에 그렇게 한다. 이 지구상에서 우리 자신과 우리의 삶보다 더 중요한 것이 있기 때문이다.

하나님을 위해 살아야 한다는 남편의 설교는 누군가에게는 다소 '불편한' 내용이거나, 혹은 한 마디 한 마디가 마음속에 울림을 주는 것이었다. 우리와 가까운 사람들은 대부분 후자였다. 몇 주 후 나는 블로그에 이렇게 썼다.

2009년 4월20일

지금까지 일어난 일들을 기록으로 남긴다.

① 내가 지금까지 믿는다고 말해 왔던 모든 것들, 천국, 내 안에 계신 하나님, 죄의 속박으로부터의 자유, 내 목표가 너무나 갑자기 기적적으로 생생하게 다가왔다.

② 모든 것이 너무나 생생해서 모두가 진실이라고 믿으며 살고 있다.

③ 그런 방식으로 살려면 모든 것을 포기하는 대가를 치러야 한다.

④ 우리는 우선순위를 생각해 보기 시작했고 우리가 안락함, 사람들의 시선, 행복 같은 것에 가치를 두고 있다는 것을 깨달았다.

⑤ 그때 하나님께선 우리에게 죽음으로써 모든 것을 내어주고 이 땅의 삶을 미워하라고 말씀하셨다.

⑥ 우리는 그 말씀에 순종했다.

⑦ 이런 생각이 들기 시작했다. '새 집을 꼭 팔아야 할까? 집이 휑한데 자녀들을 낳고 이웃들을 부활절 저녁식사에 초대하면 어떨까?'

⑧ 주변 사람들도 이렇게 말하기 시작했다. "선불리 행동하지

마세요." 모험심이나 공명심으로 나서지 말란 얘기였다. 우린 말했다. "충고 감사합니다."

⑨ 우리에겐 같은 내용으로 기도하는 이들이 있었다. 그리고 변화가 시작됐다. 모험심이나 공명심이 아닌 하나님으로부터 온 부르심이었다. '죽음으로써 다시 살라.'

⑩ 십자가의 보혈이 느껴졌고 나는 더 이상 거부할 수 없었다. 우린 기도했고 아메리칸 드림 대신 천국에 소망을 두었다. 모든 것이 바뀌었다. 그런데도 이상하리만큼 마음이 평안하다.[4)]

우리 부부와 가까운 사람들은 모두 준비가 돼 있었다. 이젠 무엇을 해야 할까? 그분은 어떤 계획을 갖고 계실까?

뭔가 눈에 보이는 엄청난 순교나 자선활동이 아니란 건 알고 있었다. 우리의 순종은 살아 계신 온 우주의 하나님이 명령하시는 것에 무엇이든 순종하기로 한 것이었다. 우리는 그분의 것이고 오직 성령을 통해 다음 계획을 알고 행동할 수 있을 뿐이었다. 또 우리가 할 수 있는 것은 기도뿐이었다.

그래서 우린 기도했다.

::10

위대한 하나님 앞에 '무엇이라도' 드리기

"하나님, 무엇이라도 하겠습니다. 무엇이든요."

그날 밤 이렇게 기도한 뒤 나는 잠에 깊이 빠졌다. 꿈속에서 나는 하나님의 눈을 뚫어져라 쳐다보며 여쭤보았다. "이 땅에 사는 동안 제가 무엇을 하길 원하시나요?"

우리는 그동안 신실함이 부족했었다는 것을 알았다. 평범한 삶을 사랑했지만 이제 평범하고 단순한 보통의 삶을 잃어야만 찾게 될 그런 좀 다른 삶을 원하고 있었다.

하나님은 살아 계시고 천국은 다가오고 있었다. 나는 하나님을 만났을 때 봤던 빛으로 이 땅에서 매 순간 살고 싶었다.

나는 영생을 위해 이 땅의 삶을 포기할 준비가 되어 있었다. 하나님이 나를 전적으로 소유하셔서, 그분을 뵙게 된 날 그분이 나에게 계획하신 모든 것을 위해 내가 살아왔다는 것을 돌이켜볼 수 있게 되길 바랐다. 삶의 마지막 날, 사람들 편이 아닌 하나님 편에 있기를 바랐다.

> 하나님이 나를 전적으로 소유하셔서, 그분을 뵙게 된 날 그분이 나에게 계획하신 모든 것을 위해 내가 살아왔다는 것을 돌이켜볼 수 있게 되길 바랐다.

그날 밤 우린 '무엇이라도' 하겠다고 기도했고, 하나님도 우리에게 그분의 뜻을 펼치려 하고 계셨다. 사실 그분은 이렇게 하고 계셨다. 대하 16:9 "여호와의 눈은 온 땅을 두루 감찰하사 전심으로 자기에게 향하는 자들을 위하여 능력을 베푸시나니".

잠에서 깨기

세상적인 삶을 포기하기로 결단한 사람들은 이미 역사에 많이 남아있다.

D.L. 무디는 배움도 짧고 신학교도 나오지 않은 세일즈맨이었지만 복음을 전파하란 부름을 받았다. 그의 '회심의 순간'은 그가 건초밭에 동료들과 모여 기도하던 어느 새벽에 찾아왔다. 그의 친구 헨리 발리는 말했다. "세상은 하나님이 신실한 사람들과 함께, 또 그들을 위해, 그들을 통해, 그들 안에서 무엇을 하실 수 있는지를 아직 보지 못했습니다."[5]

이후 무디는 남은 삶을 하나님을 위해 '무엇이든' 하는 사람으로 살았다. 회심의 순간 이후 이미 죽은 사람처럼 두 팔을 휘두르며 다가올 현실을 알렸다. 그는 세상의 관점으론 못 배운 사람이었지만 복음으로 무장했고, 개인적인 문제는 포기한 채 온전히 주님께 순종하는 삶을 살았다. 짧지만 열정적이었던 그의 삶은 영원히 천국에 영향을 미쳤다.

무디의 삶을 통해 수십 만 명의 사람들이 하나님을 만나고 그분께로 돌아왔다. 배움이 짧은 그로부터 수많은 신학교가 세워졌다. 무디는 '무디 성서 학교'를 세웠고 교계의 '육군사관학교'란 평을 듣고 있다. 지금까지 수 세대에 걸쳐 많은 크리스천 리더들을 탄생시켰다.

"세상은 하나님이 신실한 사람들과 함께, 또 그들을 위해, 그들을 통해, 그들 안에서 무엇을 하실 수 있는지를 아직 보지 못했습니다."[6)]

세상이 아직 보지 못했는지는 모르겠지만, 우린 그 사실을 세상에 알리고 싶었다. 노력하고 싶었다.

나는 우리의 문화 속에 있는 어떤 기류가 큰 틈새를 만들어, 마침내는 우리의 영혼까지 파괴하고 있음을 보았다. 그 기류는 우리를 다음과 같이 생각하도록 만들었다.

· 이 땅에서 70~80년 사는 것이 길고 중요하게 느껴진다.
· 평안함과 안전함을 추구하는 것이 가치 있다.

· 물질적인 것이 중요하다.
· 행복은 마땅한 내 권리다.
· 도덕적인 삶이 하나님을 기쁘시게 한다.

나는 하품을 하며 잠에서 깨어나 이런 기류를 감지하고 그것을 하나님의 진실과 비교하고 있었다. 판도를 바꿔야 했다.

'만일 하나님이 살아 계시고 우리가 그분과 영원히 함께해야 한다는 사실을 진심으로 믿는다면 그분이 유일한 것이 되어야 하고 그분이 우리의 삶을 인도하시도록 해야 할 거야.'

만일 하나님이 살아 계시고 우리가 그분과 영원히 함께해야 한다는 사실을 진심으로 믿는다면 그분이 유일한 것이 되어야 하고 그분이 우리의 삶을 인도하시도록 해야 할 거야.

나는 '종교적인' 사람들에게서 돌아서고 싶은 강한 열망을 느꼈다. 성경은 종교적인 사람들을 이렇게 말하고 있다.

사 29:13 "이 백성이 입으로는 나를 가까이 하며 입술로는 나를 공경하나 그들의 마음은 내게서 멀리 떠났나니".

어린 아이 같은 믿음

큰딸이 믿음을 갖게 되고나서 얼마 후 친구들에 대해 얘기를 나눴다. 케이트는 유치원에서 사교계의 중심에 있었던 아이답게 몇몇 이름을 줄줄이 나열했다. 그때 여섯 살짜리 아들 코너가 불쑥 나서 잘난 체를 하며 말했다. “케이트 누나, 하나님이 누나의 가장 친한 친구가 되어야 해.”

내가 아들에게 꿀밤을 먹이기 전 케이트가 지혜롭게 답했다. “그분을 방금 만났어. 그분을 알아가고 있는 중이야, 코너.”

‘나는 목숨을 던질 만큼 영원한 세계를 믿고 있는가?’

케이트는 이제 막 시작된 여행길에 올랐음을 스스로 알고 있었다. 그 아인 하나님과 더 친한 척하지 않았다. 그런 것을 속일 생각이 없었던 것이다.

우리도 ‘믿는 척하는’ 것을 그만둬야 하다. 꽤 많은 사람들이 흑백논리에 젖어 있고, 확실하게 알지 못하면 입을 닫고 만다. 우간다에 있는 케이티 데이비스부터 프랜시스 챈, 데이빗 플랫 같은 저자들이 두 팔을 흔들며 위험이 다가옴을 알리고 있다. 점점 더 많은 사람들이 잠에서 깨어나고 있다.

그리고 모두가 이런 질문을 한다. ‘나는 목숨을 던질 만큼 영원한 세계를 믿고 있는가?’

그것은 어린아이와 같은 믿음으로의 부르심이다. 진리에 대한 아이다운 단순한 반응은 바로 믿고 행동하고 그것을 위해 사는 것이다. 단순하고 무모하리만큼.

예수님은 말씀하셨다. 마 18:3 “진실로 너희에게 이르노니 너희가 돌이켜 어린 아이들과 같이 되지 아니하면 결단코 천국에 들어가지 못하리라”.

아들 코너는 네 살 때 하나님이 살아 계셔서 기도에 응답하신다는 진리를 배우고 있었다. 아이는 그때 한 번도 본 적이 없는 눈(snow)에 대해 배우고 있었다. 우린 당시 텍사스에 살고 있어서 눈을 볼 수 없었다. 아들은 하나님께 전적으로 순종하기로 결심하고 몇 주 동안이나 눈을 내려 달라고 기도했다.

몇 주가 몇 개월이 됐고 텍사스에도 봄이 찾아왔다. 나는 그렇게 늦게, 더구나 남부지역에 눈이 내릴 수는 없다고 생각하며 아들의 기도를 멈추고 싶었다. 하지만 아이가 그렇게 진지하게 기도한 것은 처음이었다. 어린아이와 같은 믿음으로 아들은 모든 것을 걸고 하나님께로 향하고 있었다. 자신이 눈이 보관된 창고 열쇠를 쥔 사람이라는 것을 그 애는 알고 있었다.

봄이 옴에 따라 기온도 점차 높아졌다. 그때 갑자기 저녁뉴스의 기상캐스터가 역사상 전무후무한 소식을 전했다. 믿기 어렵게도 그는 다음 날 눈이 내릴 것이라고 예보했던 것이다.

하나님은 우리가 아이처럼 전적인 믿음을 갖기 원하신다.

그리하여 3월의 어느 영광스러운 봄날, 우리 아이들과 댈러스포트워스 지역의 어린이들은 눈사람을 만들고 눈싸움을 하며 하루를 보냈다. 며칠 후 기온은 다시 섭씨 21도로 올랐다.

하나님은 바보스러우리만큼 모든 걸 걸고 기도하는 아이의 단순한 마음을 보시고 눈을 조금 나눠주셨다. 그분이 이런 작은 요청에 응답하시는 일은 매우 드물어서, 가끔 그분은 중요한 일에 쓰시려고 기도 응답을 아끼시는 것처럼 보인다. 그분의 방법은 우리와는 다르다. 자신의 의지대로 움직이시며 신비로우시다. 하지만 우리가 아이처럼 전적인 믿음을 갖기 원하신다.

어리석지 않은

짐 엘리엇은 열성적인 신자였다. 휘튼칼리지를 졸업한 후 친지들이 미국에서 청년 사역을 맡으라고 권했지만, 그는 미국 교회엔 이미 인재가 너무 많다고 생각해 해외선교로 눈을 돌렸다. 그는 하나님이 살아 계시다는 것을 믿었고 하나님의 필요를 위해 다른 모든 것은 포기하며 살고 싶어 했다. 짐은 부인 엘리자베스와 친구들과 함께 영적 난파선으로 달려갔다. 그들은 에콰도르 와다니 족에게 복음을 전하기 원했다.

야만적이고 잔인하기로 유명한 부족민들이 자신들을 죽이려 할 것이란 사실도 알고 있었다. 그들은 우선 에콰도르 수도인 키토에 머물며 스페인어를 공부한 뒤 정글로 들어갔다. 먼저 샨디아의 가톨릭 예배당에 정착했고, 거기서 외동딸 발레리가 태어났다.

짐과 동료 선교사 4명, 그리고 비행기 조종사는 비행기 안에서 스피커로 와다니 족과 접촉했고 선물이 담긴 바구니를 내려 보냈다. 몇 달 후 그들은 와다니 마을로부터 강을 따라 내려와 얼마 안 되는 거리에 베이스캠프를 차리기로 결정했다. 그곳에서 그들은 와다니 부족 몇 명과 한 번 접촉했고 그 중 호기심 많은 와다니 족 한 명을 비행기에 태워주기도 했다.

이런 경험들에 용기를 얻어 그들은 부락을 직접 방문하기로 계획했다. 하지만 1956년 1월8일 일행의 비행기가 착륙했을 때 와다니 족 전사들은 짐과 동료 선교사 4명을 그 자리에서 죽였다. 엘리엇 선교사의 시신은 동료들과 함께 강 하류에서 발견됐다.

그의 사후 발견된 일기장 머리글에 다음과 같은 글귀가 적혀 있었다.

"영원한 것을 얻으려 영원하지 않는 것을 버리는 사람은 결코 바보가 아니다."[7)]

이후 부인 엘리자베스와 다른 선교사 미망인들은 자신들의 남편을 잔인하게 죽인 부족민들에게 돌아왔고, 그들의 헌신적인 사랑과 용서 덕분에 많은 이들이 예수님을 영접하고 구원받았다.

천국을 믿는다면 '무엇이든' 하겠다는 고백이 결코 어리석게 들리지 않는다. 우리가 다른 무엇을 할 수 있겠는가. 예수님께서 죽음에서 부활하셨다면 우린 영원한 것을 얻기 위해 영원하지 않은 것을 버리는 모험을 감수할 수 있다. 그것은 결코 어리석은 일이 아니다. 믿는 사람들에겐 상식일 뿐이다.

이 선교사들도 평범한 사람들이었지만, 하나님은 그들이 자신을 온전히 의지한다는 이유 하나만으로 특별하게 사용하셨다.

하나님의 왕국을 위한 영향력 있는 역사를 살펴보면 이런 사람들이 있었다. 사도행전을 쓴 바울부터 D.L. 무디, 빌리 그레이엄, 마더 테레사, 우간다의 케이티까지. 이들은 모두 평범한 사람들이었고, 때론 가장 가능성이 낮은 사람들이었다. 하지만 그래서 그들은 더욱 더 온전히 하나님을 의지했다.

나와 잭도 그 무리에 끼고 싶었다. 우리 부부도 영원한 세계에 속하고 싶었다. 우린 바람을 좇아 살며 이 땅에서의 짧은 삶에 집착하는 일을 그만두고 싶었다. 하나님의 말씀을 권고할 뿐 아니라, 그분이 뭐라 하시든 그에 맞춰 우리 자신의 삶을 제물로 드리길 원했다.

"하나님, 그 무엇이라도 하겠습니다. 무엇이라도."

이제 우리의 삶은 때론 무모하게 느껴지는, 눈에 보이지 않은 하나님의 손에 달려 있다.

책의 메시지는 간단하다.
모든 크리스천들이 기도하며 순종하는 삶을 산다면 복음은 우리 마음의 가장 어두운 곳을 포함해 지구상 모든 곳으로 퍼져 나갈 것이라고.
저자는 우리에게 진정한 선물을 안겨준다. 읽고, 받아들이고, 토론한 후 여러분의 '무엇이라도'를 향해 달려가라.

젠 햇메이커 | Interrupted and Seven의 저자

::11

수천 가지 문제들을 푸는 하나님의 간섭

우린 일주일 동안 그 무엇이라도 하겠다고 기도했다. 마치 어린 아이가 된 것처럼 하나님께 매일 다른 것을 드리겠다고 기도했다. 우리가 살고 있는 집이 블루마블 게임 속 작은 플라스틱 건물인 양 언제든 드릴 수 있다고 말씀드렸다. 그분의 음성을 간절히 듣기 원했다. 그런데 놀랍고 기쁘게도 그분은 아주 큰 소리로 응답하셨다. 그분이 '○, ×'로 우릴 이끄시는 걸 느낄 수 있었다. 우리 집을 바치겠다고 기도한 지 24시간 만에 아직은 집을 팔 때가 아니란 응답을 주신 것이다.

우린 하나님께 가장 먼저 집을 드리겠다고 했다. 우리가 소유한 것들 가운데 가장 값어치가 많기 때문이었다. 집을 짓는 데 6개월이 걸렸고 우리에겐 단순한 집 이상의 의미가 있는 곳이었다. 우리가 직접 커튼을 달고 도자기 제품을 전시한 첫 번째 장소였다. 내 맘을 사로잡던 그 집을 몇 주 만에 하나님께 드리겠다고 한 것이다. 그분이 무어라 하시든 나는 놀랄 만큼 만족스러웠다.

한때 나를 완전히 지배하고 있던 것에 이젠 거의 신경을 쓰지 않게 된 것이다. 하나님은 모든 것을 바꾸셨고, 하나님께서 우리 집을 판 돈으로 무엇을 하실지 상상하는 동안 형언할 수 없는 기쁨이 느껴졌다. 우리도 믿을 수 없을 정도였다. 하지만 당시엔 몰랐던 몇 가지 이유로 아직 그럴 때가 아니었다. 그분이 다음 단계로 원하시는 일이 무엇인지 안내해 줄 안전한 장소로 가야만 했다.

다음 날 우린 다시 '무엇이라도' 하겠다고 기도했다. 그날 밤 계속 아들의 빈 방이 떠올랐다. 그래서 기도했다. '하나님, 빈 침실을 사용하기 원하시나요?' 다시 한 번 눈에 보이지 않는 그분의 음성이 너무나 또렷하고 크게 들려왔다. 우리 부부 둘 다 의심할 여지없이 그분이 그걸 원하신단 사실을 알았다. 그런데 아이를 입양하란 말씀일까, 아니면 임시로 손님을 받아야 할까? '누가 그 방을 쓰길 원하십니까?' 감이 잡히지 않았다.

우리만의 블루마블 게임에서 하나님은 플라스틱 집을 돌려주시고 대신 침실 하나를 가져가셨다. 그 방이 곧 가득 차리란 건 시간문제였다. 하지만 이상하게도 집을 파는 것보다 방을 빌려주는 게 더 불안하게 느껴졌다. 우리 가족은 이제 막 정착한 터였다. 아이들은 나와 남편을 닮아 유연했고 장난을 좋아했다.

우린 완벽한 팀처럼 서로 잘 맞았다. 그런데 어떤 사람일지 모르는 이를 위해 그 완벽하고 안락한 느낌을 희생해야 할지도 몰랐다. 나는 애써 그 불안함을 밀어냈다. 이런 결정은 더 이상 나 자신에 속한 것이 아님을 너무도 잘 알고 있었다. 더 이상 갑론을박할 여지도 없었다. 내가 원하는 미래를 위한 청사진도 없었다. 가족들을 위한 논리적인 결정도 아니었다. 하나님께 모든 걸 맡겼다면 그 불안함은 새로운 기대감일 뿐이었다.

하나님께 모든 걸 맡겼다면 그 불안함은 새로운 기대감일 뿐이었다.

다음 날부터 우리 삶에 속한 작은 조각들을 조금씩 더 많이 하나님께 드렸다. 교회를 바쳤다. 하나님께서 남편의 재능을 다른 곳에서 쓰시기 원하시는지, 혹은 우리 교회에 다른 리더가 오길 원하시는지 등을 온전히 맡겼다. 하나님의 영광을 위한 최선의 길이라면 우린 기꺼이 교회를 떠나 멀리 해외로 나갈 준비가 돼 있었다. 하지만 그분은 다시 한 번 '아직은 때가 아니다.'란 응답을 주셨다.

하나님은 우리가 바친 일부를 취하셨고 일부는 우리의 필요를 위해 돌려주셨다. 그분은 그 모든 것을 어떻게 사용하기 원하시는지 다 알려주지는 않으셨다. 다만 앞으로 몇 년 간 그분이 원하시는 삶이 무엇인지를 분명히 보여주셨다. 우리만의 블루마블 게임에서 그분은 우리가 가진 패를 자세히 살펴보신 후 그 가운데 당장 필요한 것들 몇 가지를 고르셨다.

수천 가지 문제들

'무엇이라도' 하겠다고 기도한 것이 시작이었다. 무모하고 예측 불가한 일의 시작 말이다. 하나님께서 우리의 상황을 바꾸시리란 걸 알았다. 우리를 흩으신 후 그분이 원하시는 곳으로 인도하시리란 것도.

하지만 그것이 내 영혼에 즉각적으로 영향을 미치리라곤 예상치 못했다. 나는 한동안 두려움과 불만과 수치심 속에 인생의 중요한 시기를 보냈다. 우리가 침대에 누워 그동안 너무도 중요하게 여겼던 우리 삶의 조각들을 내려놓는 그때부터 죄와 그 근원도 떨어져나가기 시작했다. 하나님이 나를 바꾸셨고 모든 게 변하고 있었다.

A.W. 토저는 만일 우리의 삶에서 하나님을 온전한 자리에 두면, 그 즉시 수천 가지 사소한 문제들이 해결된다고 말했다.[8]

예수님은 이렇게 말씀하셨다. 마 6:33 "그런즉 너희는 먼저 그의 나라와 그의 의를 구하라 그리하면 이 모든 것을 너희에게 더하시리라".

기도하기 전 나는 꽉 막히고 무감각하며 엉망으로 무너진 삶을 살고 있었다. 수 만 가지 사소한 문제들이 있었고 내가 아는 모두가 그랬다. 당연히 바로잡고 회복하고 싶었다. 책을 읽으며 거기에 쓰인 대로 차근차근 따라해 봤지만, 사실대로 말하면 내 삶은 점점 더 수렁으로 빠져드는 느낌이었다.

아이들이 공개적으로 그 사실을 내게 얘기했을 땐 너무 부끄러워서 예민하게 반응했다. 약속에 늦어서 다른 누군가를 실망시켰을 때도 지나치리만큼 수치심이 들었다. 나는 교회에 대한 염려 속에 내가 사랑하는 사람들을 위해 살았다. 그런데도 자주 슬펐고 왜 그런지 알 수 없었다.

이런 갈등은 모형 하나님을 섬긴다는 증거였다. 하나님이 살아 계셔서 일하시며 나를 보고 계시다는 사실이 의심스러웠다. 이 모든 갈등은 내가 영생보다 이 땅에서의 삶을 얼마나 사랑하는지 보여주는 증거였다.

나는 깨진 결혼생활로 고통 받는 친구들을 봐 왔다. 그들은 분노로 가득 차 있었다. 수년 간 우울증과 싸우는 친구들도 있었다. 그런 문제가 없더라도 정신없는 상태로 현재 삶에 불만족스러워 했고 새로운 것을 갈구했다.

하나님을 더 가까이 하며, 어떤 희생이 따르더라도 매일 그분의 뜻을 구하는 삶을 살기 전엔 자유보단 구속의 상태였다.

모든 것을 하나님께 맡긴 후 모든 문제가 해결됐느냐고 묻는다면 나는 다소 상투적인 문구로 대답할 것이다. “예수님이 답입니다.” 하나님을 더 가까이 하며, 어떤 희생이 따르더라도 매일 그분의 뜻을 구하는 삶을 살기 전엔 자유보단 구속의 상태였다.

그렇다면 어떻게 하나님이 우리를 변화시키도록 할 수 있을까?

❖

얼마 전 우린 친구들과 함께 미국 텍사스 오스틴에 있는 호숫가에 놀러갔다. 배를 절벽에서 20m 정도 떨어진 곳에 대고 나는 첫째와 둘째에게 호숫가에서 놀려면 헤엄쳐 절벽을 기어 올라가 다시 뛰어내려야 한다고 말했다. 아이들은 흥분해서는 물속으로 뛰어들어 물가로 헤엄쳐 갔고 절벽을 타고 올라갔다. 거리가 점점 멀어져서 소리치지 않고는 목소리를 들을 수 없었다. 그래서 아이들이 절벽 꼭대기에서 뛰어내려야 할지 말지를 두고 얘기하는 것을 그저 지켜볼 수밖에 없었다. 첫째 아들의 몸짓으로 볼 때 혼란스러운 것 같았다.

아이들이 성공하기를 바라면서 기다리기로 했다. 그보다 안전하게 내려갈 방법은 없었다. 아이들은 도전에 대한 흥분과 동시에 두려움과 현기증을 느꼈을 것이다. 그걸 극복하는 방법은 뛰어내리거나 기어 내려가는 방법뿐이었다.

뛰어내리거나 기어 내려가기.

우리가 자신의 손 안에 삶을 두고 있다면 대부분은 뛰어내리면 죽을 것 같은 흥분과 두려움을 느끼게 된다. 하지만 우리가 기도하면 나를 옥죄던 두려움에서 해방된다. 여전히 죽을 것 같은 느낌이 있지만 그것은 자물쇠를 여는 열쇠다. 그 고통의 반대편에는 자유와 평화, 즐거움과 희망, 자기 지배의 포기가 있고 그런 방식대로 살게 되어 있는 것이다.

우리 아이들이 마침내 뛰어내렸다. 해지기 전 아이들은 실컷 놀고 집으로 무사히 돌아올 수 있었다. 아이들이 시도도 안 했더라면 어땠겠는가. 우린 의심과 두려움을 밀어내고 하나님을 신뢰한다. 왜냐하면 그분은 신뢰할 수 있고 무엇이 우리에게 최고의 삶인지 아시기 때문이다. 우리가 더 많이 뛰어내릴수록 하나님이 우리 곁에 계심을 더 잘 볼 수 있다. 우리가 두려움 없이 점프할수록 더 높은 절벽에서 뛰어내릴 수 있다.

우리가 더 많이 뛰어내릴수록 하나님이 우리 곁에 계심을 더 잘 볼 수 있다. 우리가 두려움 없이 점프할수록 더 높은 절벽에서 뛰어내릴 수 있다.

나는 로마서 6장7절 말씀을 좋아한다. "죽은 자가 죄에서 벗어나 의롭다 하심을 얻었음이라".

이 땅에서의 삶과 모든 권리, 기대에서 벗어나 죽으면 자유를 얻게 된다.

예수님은 이 땅에 계실 때 다음과 같이 이율배반적인 말씀을 하셨다.

마 5:3 "심령이 가난한 자는 복이 있나니"

마 5:4 "애통하는 자는 복이 있나니"

마 5:10 "의를 위하여 박해를 받는 자는 복이 있나니"

마 5:11 "나로 말미암아 너희를 욕하고 박해하고 거짓으로 너희를 거슬러 모든 악한 말을 할 때에는 너희에게 복이 있나니"

마 5:12 "기뻐하고 즐거워하라"

왜 그럴까?

왜냐하면 이 땅에서 고통 받는 것, 예수님의 이름을 위해 희생하는 것은 하늘에서 상급이 큼을 의미하기 때문이다. 고통은 영원한 것을 위해 살기로 한 내 삶에 긍정적으로 영향을 미쳤다. 전엔 그런 식으로 살지 않았다. 차 한 잔을 두고 상담하면서 나에게 상처를 준 모든 것들을 고쳐보려고 애썼다. 하지만 충분치 않았다. 나는 여전히 상처받고 있었다. 내가 알지 못했던 것은 그것이 당연히 아플 수밖에 없다는 사실이었다. 전쟁은 결코 쉽고 편안하며 행복할 수 없다.

교회에서 성장하는 몇 년 동안 너무 급진적으로 느껴지는 부르심은 어떻게든 잘 피하며 살아왔다. '죽어라. 포기해라. 모든 것을 양보해라.' 이런 말을 들으면 감정적으로 움츠러들었고, 선교에나 적합한 말이지 내 일상하곤 거리가 멀다고 생각했다. 복음 편에서서 그것대로 살며 일상에서 십자가를 지고 예수님 따르는 일은 너무나 급진적으로 많은 희생이 따르는 것처럼 느껴졌다.

내가 옳다는 것을 알면서도 남편과 싸울 땐 입술을 깨물며 양보하는 법을 배워야 했다. 나에게 상처 준 사람과 화해하는 일, 내가 발견한 주차공간을 남에게 양보하는 일, 잔뜩 쌓인 옷을 세탁하는 일. 매일의 삶에서 포기를 배우는 일은 힘들었다. 나는 하나님께 더 많이 기댔다. 그러자 그분이 도우셨다. 천국을 그려보는 것도 도움이 됐다.

하나님께서 지켜보실 때 내가 반드시 의인이 될 필요는 없었다. 예수님의 크나큰 자비와 희생을 생각하면 힘들게 느껴지던 용서가 가능했다. 천국이 가까워 옴을 생각하면 기꺼이 세탁이나 기타 잡다한 일들을 할 수 있었다. 하나님이 이끄시는 대로 따라가고 싶었다. 그렇게 일상에서 매일 죽는 것을 경험하며 나는 하나님을 더욱 더 잘 볼 수 있었고, 내 영혼이 자유해지는 것을 느꼈다.

일상에서 매일 죽는 것을 경험하며 나는 하나님을 더욱 더 잘 볼 수 있었고, 내 영혼이 자유해지는 것을 느꼈다.

그래도 여전히 무모하리만큼 급진적인 희생에 대해선 준비가 안 되어 있었다.

온전한 마음

기도를 시작한 그 주에 하나님께서 나와 남편에게 분명히 말씀하신 것 중 하나는 바로 내 재능을 사용해야 한다는 것이었다. 나는 글을 쓰고 가르쳐야 했다. 어떤 뜻이 있는지는 분명치 않았지만 그 말씀을 따라야 함을 알았다. 나는 그분의 도구였다. 내가 특별하기 때문이 아니라 준비돼 있었기 때문이었다. 때로 갈등도 있었지만 나는 마리아가 한 말을 기억했다. 눅 1:38 "주의 여종이오니 말씀대로 내게 이루어지이다".

> 내가 특별하기 때문이 아니라 준비돼 있었기 때문이었다.

하나님이 천사를 통해 마리아에게 분명히 말씀하셨듯 나도 그렇게 인도해 주시기를 기도했다. 나는 설교를 듣고 책을 읽으며 어떻게 하나님의 뜻을 분별하는지 알려고 애썼다. 그리고 단 한 번의 진실한 기도를 통해 그분은 마치 그 순간을 기다리셨다는 듯 응답하셨다. 모든 과정을 지나 그날에 이르자 하나님께서는 내가 수백 번도 더 읽었던 그 말씀들을 삶에서 생생하게 느끼도록 하셨다.

하나님은 말씀하셨다.

제니, 너는 지금 내 음성을 크고 분명하게 듣고 있다. 사 42:8 "나는 여호와이니 이는 내 이름이라 나는 내 영광을 다른 자에게, 내 찬송을 우상에게 주지 아니하리라".

네가 지금까지 나에게 구한 것이 바로 이것이다. 그리고 나는 이것을 안다. 눅 16:13 "집 하인이 두 주인을 섬길 수 없나니 혹 이를 미워하고 저를 사랑하거나 혹 이를 중히 여기고 저를 경히 여길 것임이니라".

그래서 기다린 것이다. 나는 너에게 유일한 신앙이 되길 기다렸다. 내가 이 땅에 육신을 입고 거하던 그 시절 한번은 마르다의 집에 있었다. 그녀는 많은 일로 염려하고 있었지만 필요한 건 딱 한 가지였다. 마리아는 좋은 편을 택했는데 빼앗기지 않을 것을 택했다.(눅 10:41,42) 마리아는 다른 모든 것을 제쳐두고 나를 선택했고 마리아에게 나보다 더 중요한 것은 없었다. 세상 어떤 것보다 나를 더 중요하게 생각했다.

나를 따르기 원했지만 준비가 안 된 부자가 있었다. 나는 그가 다른 주인을 섬기고 있다는 것을 보여줘야 했다. 그래서 이렇게 말했다. 막 10:21 "네게 아직도 한 가지 부족한 것이 있으니 가서 네게 있는 것을 다 팔아 가난한 자들에게 주라 그리하면 하늘에서 보화가 네게 있으리라 그리고 와서 나를 따르라". 그는 그렇게 하지 않았다. 그는 나를 떠났다. 이 땅에서의 삶을 택한 것이다. 나는 경쟁하지 않는 하나님이다.

제니, 나는 너를 기다렸다. 네가 다른 신을 섬기고 있다는 사실을 너 스스로 보기 원했다. 네 마음은 나눠져 있었다. 다른 것들을 더 사랑했고 나는 내 영광을 그것과 나누지 않기 때문에 너에게 유일한 하나님이 될 때까지 기다렸다. 이젠 내 음성을 좀 더 많이 듣게 될 것이다.

이 책을 읽다 보면 자주 멈출 수밖에 없다. 무릎 꿇고 기도하고 싶은 마음에 압도되어 '무엇이라도 하겠습니다.' 라는 기도를 하게 된다. 챕터를 넘길 때마다 하나님께 순종해야 할 새로운 부분들을 찾아냈고, 페이지를 넘길 때마다 하나님께서 모든 것을 이루시는 삶을 살 수 있다는 희망과 기쁨이 내 안에서 새로운 넘쳐났다. 이 책을 읽는 것은 지적인 행위가 아니라 새로운 경험이다.

파비안느 하포드 | Women' s Discipleship Austin Stone Community Church

::12

헌신의 도미노 순종의 길로 들어서다

기도하면서 하나님의 응답을 기다렸던 몇 주가 지나고 우린 '무엇이라도' 라는 기도를 멈추었다. 머리가 복잡했고, 솔직히 말해서 질려 버린 면도 없지 않았다.

하나님께선 분명히 말씀하고 계셨지만 구체적인 사항은 흐릿했다. 그분이 말씀하신 것을 대략적으로 파악할 수 있을 뿐이었다. 그건 결코 쉬운 일도, 작은 일도 아니었다.

언젠가부터 나는 무언가 일이 잘 안 풀리거나 딱 맞는 느낌이 아닐 땐 하나님이 함께 계시지 않는 것이라고 생각하게 됐다. 하나님께 순종하는 일은 단순하고 평안하게 느껴져야 한다고 생각했다. 예를 들어, 하나님께서 아프리카로 나를 부르신다면 2주 안에 우리 집을 사겠다고 나서는 사람이 나타나는 식으로 말이다.

일이 그렇게 풀리지 않는다면 하나님이 함께하시지 않는 것이라 생각하는 것이다. 그렇게까지 완벽하게 맞아 떨어지진 않더라도, 무언가 불편하고 찜찜하게 느껴진다면 하나님의 응답이 아니라 생각했다. 왜 그런 생각을 하게 됐을까.

성경을 보면 하나님은 우리가 이 땅에서 고난을 겪게 될 것이라 말씀하셨다.

마 12:30, 눅 14:26, 마 5:10 '만일 나와 함께한다면 세상이 너에게서 등을 돌릴 것이다. 네 인생을 포함해 가진 모든 것을 기꺼이 버리지 않는다면 나를 따를 생각도 하지 말라. 나를 위해 박해받는 것을 특권으로 여기라.'

평생 내 인생은 그리 힘들지 않았기 때문에 하나님께서 허락하신 삶이라 생각했다. 그런데 지금은 어쩌면 완전히 그 반대일 수도 있다는 생각으로 두려웠다. 내가 그분을 따르지 않기 때문에 내 삶이 그토록 평탄했던 것은 아닐까.

평생 내 인생은 그리 힘들지 않았기 때문에 하나님께서 허락하신 삶이라 생각했다. 그런데 지금은 어쩌면 완전히 그 반대일 수도 있다는 생각으로 두려웠다. 내가 그분을 따르지 않기 때문에 내 삶이 그토록 평탄했던 것은 아닐까.

수 백 가지 문제들이 한 가지 목표와 희망 앞에서 작아지고 자유를 얻었지만 새로운 문제가 나타났다. 삶이 불편해지고 그에 대해 주저함이 느껴졌다. 다음은 내가 이 여행을 시작할 무렵에 남긴 글이다.

주저함

2009년 5월5일

하나님이 내게 원하시는 일을 분명히 말씀하셨는데, 내가 원하는 일이 아니라면 나는 어떻게 해야 할까?

우린 연약했다. 하나님께 무엇이라도 하겠다고 기도해 왔다. 그분이 말씀하시는 것이면 우린 그대로 따를 것이다.

가라. 머물러라. 말하라. 침묵하라. 일어서라. 앉아라. 아이들을 구원하라. 설거지를 하라. 큰 일로 섬겨라. 작은 일로 섬겨라. 과감하게 행동하라. 멋지지 않은 일을 하라. 무엇이든 하라.

빌 3:10,11 "내가 그리스도와 그 부활의 권능과 그 고난에 참여함을 알고자 하여 그의 죽으심을 본받아 어떻게 해서든지 죽은 자 가운데서 부활에 이르려 하노니".

나는 예수님을 알고 싶다. …> **그렇다.**

나는 부활의 힘을 알고 싶다. …> **그렇다.**

그의 고난에 참여하고자 한다. …> **아마도?**

그분의 죽으심을 본받아 그분처럼 살 것이다. …> **전혀!**

내가 결정하는 동안 스타벅스 커피를 마실 수 있을까?

어떻게 해서든지 죽은 자 가운데서 부활에 이르려 한다.

…> **물론이다!**

하나님, 제발 어떻게 해서든지 저를 구해주세요!

어떤 날은 기꺼이 마음이 정해지다가도 어떤 날은 주저하게 됩니다.

하나님이 도우신다면 크든 작은 뭐든 할 수 있을 텐데.

하나님, 꼭 저를 사로잡아 주세요.

슈퍼맨

우린 이미 뛰어들었다. 계약서에 서명을 해버렸다. 되돌릴 방법은 없었다. 복종의 삶 속으로 더 깊이 뛰어들수록 내가 나를 통제한다는 건 점점 불가능해지는 것 같았다.

마리아가 천사로부터 '하나님의 아들을 잉태했노라'는 얘기를 들은 후를 상상이나 할 수 있겠는가? 어떤 논리로도 설명할 길이 없는, 말 그대로 초자연적인 현상이었다. 자신을 부정하고 순종의 결과에 따름으로써 그녀의 믿음은 증명됐다. 약혼자를 잃고 사람들의 손가락질을 받을 거란 즉각적인 염려는 하나님의 부르심과 그분의 빛 안에서 힘을 발휘하지 못했다. 이 모든 일을 치르기 전 마리아는 사촌 엘리사벳의 집으로 피신했다. 그리고 그곳에 당도한 즉시 가장 아름다운 노래로 하나님을 찬양하기 시작했다.

내 영혼이 주를 찬양하며

내 마음이 하나님 내 구주를 기뻐하였음은

그의 여종의 비천함을 돌보셨음이라 보라 이제 후로는 만세에

나를 복이 있다 일컬으리로다

능하신 이가 큰 일을 내게 행하셨으니 그 이름이 거룩하시며 긍휼하심이 두려워하는 자에게 대대로 이르는도다"

눅 1:46~50

마리아는 이 땅에서의 짧은 삶에 이 모든 일이 어떤 영향을 미칠지 전혀 상관하지 않고 큰 그림을 봤다. 대대로 인류를 구원할 것임을 봤다. 자신의 삶에서 영원의 의미를 찾고 자신을 인류 구원 계획의 일부로 사용하신 하나님을 찬양했다. 마리아는 어떤 고난이 찾아올지라도 영원한 세상에 속하기 위해 하나님을 찬양할 것이었다.

마리아는 어떤 고난이 찾아올지라도 영원한 세상에 속하기 위해 하나님을 찬양할 것이었다.

그 무렵 나는 마리아의 삶을 주제로 우리 집에서 교회 자매들과 성경공부를 했다. 그 자리에 모인 사람들도 변화와 순종으로 나아가는 과정의 한 가운데 있었다. 첫 번째 모임이 기억난다. 당시 난 개인적인 고민이 너무 큰 시기였다. 그 힘든 시기를 함께 헤쳐 나갈 친구들이 필요했다. 나와 비슷한 상황에 있던 자매들과 하나님의 역할에 대해 공부해야 했다. 그래서 감당하기 어려운 소명과 그에 따른 고통에 아름답게 순종했던 마리아에 대해 공부하기로 한 것이었다.

마리아는 결코 자신의 안위를 구하지 않았다.

아무 권리도 주장하지 않았다.

고난에 당황하기보다 당연한 것으로 받아들였다.
결과를 통제하려 하기보다 하나님의 음성을 기다렸다.
남편의 인도에 모든 것을 맡기고 계속해서 따랐다.
하나님께서 주시는 것이면 무엇이든 기쁨으로 받았다.

나는 무엇이라도 하겠다고 기도했지만, 사실은 놀이공원의 롤러코스터를 탈 때처럼 눈을 꼭 감고 손가락을 꼼지락거리고 있었던 것이다. 나는 두려웠다.

하나님이 이렇게 말씀하시는 것 같았다. "제니, 너무 고맙구나. 훌륭하다. 나는 너를 사용할 것이다. 하지만 그렇게 겁먹은 표정을 하고 있으니 앞으론 일을 시키기 어려울 것 같구나."

모든 것을 내려놓고 하나님의 영원한 계획에만 집중했다. 그렇게 했을 때 그 계획의 일부로 쓰인 것에 대한 기쁨만이 남았다. 인류를 향한 하나님의 계획 안에서 그녀의 부족함은 빛을 잃었다.

또 한편으론 이렇게 생각하셨을지 모른다. '이 일을 하는 데 있어 내 도움이 필요하단 걸 깨달았으니 다행이구나.'

정말 그랬다. 나는 그분이 필요했다. 최근 2년 동안 이 말은 내 삶의 주제가 됐다. 미래가 너무나 불안했다. 그분은 두려움이 나를 마비시키도록 두셨지만 지금 난 괜찮다.

마리아의 삶을 공부하면서, 그녀가 스스로 하나님의 아들을 잉태하고 키울 만한 자격이 없다고 느꼈음을 알게 됐다. 하지만 마리아는 그것에 집중하지 않았다. 모든 것을 내려놓고 하나님의 영원한 계획에만 집중했다. 그렇게 했을 때 그 계획의 일부로 쓰인 것에 대한 기쁨만이 남았다. 인류를 향한 하나님의 계획 안에서 그녀의 부족함은 빛을 잃었다. 자신의 짧은 삶 가운데 하나님의 계획이 있음을 보면서 마리아는 경이에 차 있었다.

요즘 사람들은 말로 열정을 표현하는 기술을 배우지만 하나님께 반응하는 데만큼은 매우 과묵하다. 예수님은 그런 태도로는 예수님을 따를 수 없다고 반복해서 말씀하셨다. 그러니 우린 부적절한 제자들이다. 그걸 느껴야 하고, 깨어 있다면 늘 느끼게 된다.

언젠가 남편이 나를 버지니아 주 알링턴에 있는 놀이동산에 데려갔다. 거기서 롤러코스터의 일종인 '식스플래그 슈퍼맨'을 탔다. 안전벨트를 매자 곧 몸이 경직됐고 앞으로 엄청나게 무서운 일이 벌어질 것이란 직감이 왔다. 실제로 이 놀이기구를 타다가 사망한 사람도 있다고 했다. 그렇다고 안 탈 수는 없는 노릇이었다. 우리 부부 둘 다 스릴 있는 놀이기구를 좋아했다. 돌이키기엔 너무 늦었다. 이미 안전장치에 묶여 옴짝달싹 못하고 있었으니까. 심장이 요동치고 토할 것만 같은 가운데 내가 할 수 있는 거라곤 장치를 꼭 잡고 비명을 지르는 것뿐이었다. 정말 무서웠다. 나는 거기에 매달려 있는 힘껏 소리쳤다.

내가 사랑하는 많은 이들이 모험하면서 두려워 죽을 것 같은 느낌을 경험한다. 하나님께서 우리에게 요구하시는 건 더 깊은 믿음을 갖는 것이다. 성경 속 인물들이 부르심을 앞에 놓고 고민할 때 하나님은 괘념치 않으시는 듯하다. 그들이 자신의 소명에 대해 주저하고 자신 없어할 때도 하나님은 그들을 있어야 할 곳으로 보내셨다. 모세나 요나, 에스더 모두 하나님이 부르심을 취소해 주시길 바랐던 적이 있다. 그러나 그들이 순종했을 때 하나님은 세상을 바꾸고 자신의 이야기를 만들어 가셨다.

> 그들이 자신의 소명에 대해 주저하고 자신 없어할 때도 하나님은 그들을 있어야 할 곳으로 보내셨다.

글을 쓰고 말씀을 전하는 내 사명에 앞서 하나님은 우리 부부에게 새로운 가족을 보내시겠다고 말씀하셨다. 아마 입양일 거라고 생각했다. 곧 아들 방에 있는 빈 침대가 차겠지. 소소한 일을 생각하며 '모든 것이 잘못되면 어떻게 하지?' 생각하는 일은 롤러코스터를 탈 때보다 훨씬 더 무서웠다. 안전띠를 꼭 매고 하나님만 붙들었다.

친구 카렌이 며칠 전 나를 보고 말했다. "너를 보면 '사자, 마녀, 그리고 옷장' 영화에서 사자 아슬란 등에 올라타고 전투에 나가는 루시가 생각나. 아슬란은 맹렬하게 싸웠고, 루시는 그저 살기 위해 아슬란의 털을 꼭 붙들고 있었잖아. 그들이 도착했을 때 모두가 돌로 변했지. 아슬란은 마법처럼 그들을 다시 살려냈고, 루시는 그 계획의 일부가 됐어. 그 맹렬한 전투에서 살아남아 모든 것을 목격한 거야."

루시가 한 거라곤 아슬란을 꼭 붙들고 있었던 게 전부였다. 하지만 루시는 믿었다. 그처럼 하나님은 우리 모두가 그분의 계획의 일부가 되길 원하신다. 루시도 꼭 붙어있던 덕분에 승리의 전투와 치유, 회복되는 영혼 등 모든 영광스런 이야기에 참여할 수 있었다. 이 영화는 영혼의 세계를 그려낸 서사시다. 나도 루시처럼 붙들고 싶었다. 내 모든 두려움에도 불구하고 하나도 놓치고 싶지 않았다.

다음은 내가 고군분투하는 가운데 쓴 글이다.

순종의 길로 들어가다

2010년 9월28일

최근에 주변에서 내가 진지해졌다며 놀란다. 사람들은 "그래서 하나님이 무얼 하라고 부르시던가요?"라고 묻는다. 하지만 그분을 따르는 일은 많은 면에서 무겁다. 내 능력으로 그 일들을 다 해낼 수 있을지 두렵다.

이런 저런 일들을 찾아보는 게 싫다. 그 일들이 내 가족과 다른 일들에 어떤 의미가 될지도 두렵다.

그런데 왜 순종하는가?

순종하는 작은 행동들이 하나님의 영광을 드러내는 도미노 행렬의 한 조각, 아주 작은 조각이기 때문일 것이다.

그분은 물론 나를 지나쳐 다른 길을 만드실 수 있다. 그분은 하나님이시니까. 하지만 내가 도미노 한 조각인 내 삶을 내려놓고, 그것을 통해 많은 사람들이 또 그들의 삶을 내려놓고 순종의 길로 들어간다면, 그래서 하나님의 영광이 세대를 이어 펼쳐진다면 그야말로 큰 은혜 아니겠는가.

하나님이 나에게 그분의 영광을 펼쳐 보일 기회를 주셨다고 하면, 우리 부부는 희생과 불확실성이 얼마나 됐든 순종하지 않을 수 없다. 천국이 다가오고 있기 때문이다. 그리고 곧 아무도 그분 외에 다른 영광에는 신경 쓰지 않게 될 것이다.

나를 순종의 길로 인도하는 도미노 조각들이 내 뒤에 많이 있다. 친구가 입양하는 것을 보면서 우리 부부도 입양에 대해 마음이 열렸다. 많은 멘토와 친구들의 격려로 나는 글쓰기를 통해 복음을 전해야겠단 마음이 생겼다.

우린 모두 도미노 조각들이며 각자 나름의 자리가 있다. 나의 자리는 과연 어디일까? 모두가 순종의 길로 들어와야 우리 세대에서 하나님의 영광이 드러나게 될 것이다. 천국에 가서 하나님이 인도해주신 길을 놓친 걸 깨닫고 싶진 않다. 게다가 지금은 하나님께서 우리를 위해 준비해 두신 것이 최고의 것이란 사실을 깨닫게 된다. 그것을 놓치고 싶지 않다.[9)]

놀이기구를 타기 전 내가 해야 할 것은 그저 믿고 맡기는 것뿐이란 사실을 지금은 잘 알고 있다.

::13

열정을 퍼뜨리는 비밀 | '네' 라고 대답하기

우리의 필요를 보시고 끝까지 사랑하시는 하나님께 삶을 맡겨 드리면, 우리를 지구 위에 태어나게 하시고 어머니의 태에서 지음 받게 하신 방법만큼이나 오묘하게 우리에게 은혜를 부어주신다. '무엇이라도' 라는 말이 화려하고 멋지게 보일 때도 있지만 대부분은 비밀에 부쳐져 있다.

그렇게 느끼는 게 우리만은 아니다. 이런 생각은 전염성이 있다. 이제는 사람들이 우리처럼 자신의 믿음에 대해 뭔가 더 있는 것이 아닐까, 가슴속에 울린 그들을 부르는 목소리가 진짜가 아닐까, 지금처럼 그냥 무덤덤한 영적 상태에서 벗어나야 하는 건 아닐까 하고 고민하기 시작하는 것 같다. 그리고 점점 더 많은 사람이 일어나 뛰기 시작하고 그 무리에 합류하는 사람도 늘어나고 있다.

가장 놀라운 것은 각자 가야 할 길이 모두 다르다는 것이다. 하나님은 그분의 방식대로 우리 모두를 다른 길로 이끄신다.

> 이제는 사람들이 우리처럼 자신의 믿음에 대해 뭔가 더 있는 것이 아닐까, 가슴 속에 울린 그들을 부르는 목소리가 진짜가 아닐까, 지금처럼 그냥 무덤덤한 영적 상태에서 벗어나야 하는 건 아닐까 하고 고민하기 시작하는 것 같다.

믿음의 위기를 과감히 받아들였던 친구 로라는 하나님을 찾기 위해 애쓰던 시간을 마침내 끝낼 수 있었다. 그녀는 선교단체에서 있었던 몇 년 동안 하나님이 누구신지에 대해 큰 착각을 하고 있었음을 깨달았다.

거대한 크레인이 그녀를 공허함의 낭떠러지에서 건져 올려 살아 계신 참된 하나님의 품으로 이끌었다. 그녀는 그분이 자신에게 하신 모든 일과 이제까지 모든 과정을 이끄신 하나님의 인내와 사랑에 온전히 사로잡혔다.

다시 하나님의 품으로 돌아온 로라는 우리 교회에서 남편이 입양에 대해 설교하는 것을 듣고 있었다. 하나님이 우리를 사랑하시고 영적으로 입양하실 때 하시는 모든 일들을 깨닫는 놀라움과 그 답례로 입양이 필요한 사람들에게 사랑을 돌려주는 것에 대해 남편은 얘기하고 있었다. 로라 부부는 이미 아이들을 다 키워 놓은 상태였지만 그 과정이 아주 생생하게 느껴졌다고 했다. 하나님은 그녀를 사랑으로 키우셨고 그녀가 등을 돌릴 때도 다시 데려다 놓으셨다. 갑자기 하나님이 그들 부부에게 너무나 분명하게 말씀하시고 인도하셨다. 예배가 끝난 뒤 그녀가 와서 말했다. "하나님께서 지금 입양하라고 말씀하셨어요." 마치 별 일 아니란 듯 말이다. 불과 1년 전만 해도 계시는지도 확신할 수 없었던 그 하나님이 자신의 편안한 삶을 무너뜨리려 하는데도 눈 하나 깜짝하지 않았다.

로라는 백인이고 남편은 아시아 출신이어서 아시아에서 온 아기를 입양하기로 했다. 하지만 하나님은 문을 닫고 다른 문을 여셨다. 나는 최근 르완다에서 온 로라 부부의 예쁜 아기를 만나러 공항으로 갔다. 출신 지역이 각각 다른 그 가족은 점점 더 아름다워지고 있다.

이곳이 아프리카

아프리카 우간다에 있는 케이티가 모두의 마음을 움직이고 있을 때 하나님께선 우리 집 문제를 해결하기 시작하셨다.

내 친한 친구 중에 베카와 브랜든이 있다. 몇 년 전 베카와 친해질 무렵부터 나는 그녀가 믿을 만하고 내가 필요로 할 때 언제든 도와줄 수 있는 친구라는 걸 감지했다. 그래서 어느 날 밤 두 집의 아이들이 함께 뛰어놀고 있을 때 나는 베카에게 친구가 되자고 말했다. 초등학교 1학년 수준의 내 말이 장난이라고 생각했을 것이다. 하지만 나는 그녀를 내 인생의 가장 깊은 곳으로 초대하고 싶었다.

베카의 남편인 브랜든과 내 남편 잭도 비슷한 우정을 나눴다. 베카 부부는 미국 텍사스 주 오스틴 외곽에서 세 아이를 키우며 이웃을 사랑으로 섬기고 있었다. 브랜든은 공사현장에서 일했는데 안드레아란 동료가 힘든 시간을 보내고 있었다. 안드레아는 예수님을 몰랐고 도와줄 공동체도 없었기에 베카 부부가 도왔다. 또한 '무엇이라도' 하겠다는 기도도 했다. 그 무렵 베카가 다음과 같은 이메일을 보냈다.

나의 아프리카

친구, 난 우간다를 섬기는 케이티가 무척 부러웠고 나와 가족들이 어떻게 아프리카로 갈 수 있을지 알아보려고 노력해 왔어. 여기 미국에 매여 있다는 핑계를 대지 않고, 하나님을 모르는 사람들에게 자유롭게 복음을 나누려고 말이야.

하지만 오늘밤 나를 방해하던 것들을 잊고 안드레아를 스타벅스로 데려가 복음을 나눔으로써 아프리카를 경험하게 됐어. 안드레아가 글쎄 영접기도를 한 거야. 하나님은 옛날에도, 지금도 우리 집 뒷마당에 계셨어! 안드레아가 오늘밤 드디어 예수님을 영접하고 그분의 자녀가 됐다고! 오늘 밤 잠이나 잘 수 있을는지…. 그분은 내 삶을 통째로 흔들고 난 그게 정말 좋아. 그분을 사랑해!

베카가

크리스티와 브라이언 부부는 우리가 교회 세우는 일을 돕기 위해 오스틴으로 이사한 후 '무엇이라도' 하겠다는 영적 여정을 시작했다. 우린 하나님이 주변을 움직이시는 걸 함께 목격했다. 함께 사역한다는 사실 그 자체가 아주 특별한 유대감을 가져다줬다. 영적인 전장에 함께 있었다는 것만으로도 서로의 마음을 읽는 것 같았다. 브라이언은 회계사였고 크리스티는 주부로 예쁜 두 자녀를 길렀다.

크리스티가 내게 이런 이메일을 보내 왔다.

온전한 순종을 위한 여정이 시작된 것 같아요. 하나님께선 대체로 고난을 통해 저를 무릎 꿇게 하셨죠. 그럴 때가 왜 우리가 이 땅에 왔는지 깨닫는 순간이죠. 나 자신을 위해 살며 가족과 친구들에 붙들려 나 자신을 반쯤만 하나님께 드리는 것, 그건 아니었죠. 얼마나 대가를 치르던지 나를 그분께 100% 드리는 것이죠. 무섭냐고요? 천만에요. 시 27:13,14 "내가 산 자들의 땅에서 여호와의 선하심을 보게 될 줄 확실히 믿었도다 너는 여호와를 기다릴지어다 강하고 담대하며 여호와를 기다릴지어다".

내가 하나님께 순종할 때 무슨 일이 일어났냐고요? 난생 처음으로 내 삶에 자유와 목적이 있음을 느꼈어요. 목적 없이 사는 삶에 지쳐 있었죠. 그분이 내 삶에 두신 뜻이 있다는 것을 알게 됐어요. 지옥처럼 끔찍한 일을 경험한 아이들을 위해 일하라는 소명이었죠. 많은 희생이 따르죠! 매일 나를 죽여야만 하죠. '온전히 순종하자!' 고 결심하는 일은 한 번에 끝나는 게 아니더라구요. 매일 내가 여기에 왜 있는지를 되새겨야 하죠. 때론 매 시간 그래야 할 때도 있어요.

크리스티

그때 크리스티와 브라이언은 입양한 첫째 아이를 병으로 잃었다. 내가 봤던 가장 힘든 일 가운데 하나였다. 아이들은 울부짖었다. 하지만 크리스티는 말했다. "만약 아픔이 없다면 우리가 일을 제대로 하고 있지 않은 거죠." 그들은 고통을 선택했다.

'무엇이라도' 하겠다는 기도가 효력을 발휘하고 있었다. 당시 미국도 경기불황의 여파가 미치고 있었다. 우리 교회의 많은 사람들이 직장을 잃었다. 그 무렵 어느 부부가 다음과 같은 말씀을 읽었다.

> 행 4:34,35 "그 중에 가난한 사람이 없으니 이는 밭과 집 있는 자는 팔아 그 판 것의 값을 가져다가 사도들의 발 앞에 두매 그들이 각 사람의 필요를 따라 나누어 줌이라".

이 말씀을 읽은 후 그들은 주식 일부를 팔아 우리 교회 임원에게 익명으로 기부했다. 그 돈으로 고통 받고 있던 많은 성도가 전기세와 집세를 낼 수 있었다.

무언가가 우리의 마음속에 자리 잡고 영향을 주고 있었다. 한때 우리가 신경 썼던 것, 중요하게 보였던 모든 일들이 잊혀졌다.

이젠 사랑이 가장 중요하게 느껴졌다. 우리의 행동엔 목적이 있었다. 우린 중요한 일을 위해 움직이고 사랑하고 회복하는 것이 아니라, 하나님에 의해 움직여지고 사랑받고 회복되고 있었다.

사람들은 기꺼이 이 땅의 삶을 포기하고 용서와 자비 안에서 자신을 내어주길 원했다. 이유는 단 하나, 예수님 때문에, 그분의 자비와 용서 때문이었다.

급진적인 변화 그 자체가 목표가 아니었다. 우린 예수님과 함께 사랑 안에 있었다. 그 사랑으로부터 그분을 신뢰하고 우리의 삶을 의뢰하는 마음이 나왔다. 무엇보다도 예수님은 자비로우셔서 우리가 삶을 내어드리는 우리만의 장소로 인도하셨다.

어린이 수백 명이 후원받았고, 친구들이 복음을 전하기 위해 흩어졌고, 아이들을 입양해 키웠고, 집을 줄여 기부하는 사람도 있었고, 가족 안에서 회복됐고, 교회 안에서 서로 용서하고 하나가 됐다. 사람들은 기꺼이 이 땅의 삶을 포기하고 용서와 자비 안에서 자신을 내어주길 원했다. 이유는 단 하나, 예수님 때문에, 그분의 자비와 용서 때문이었다.

이끌림

사도행전 1장에서 예수님은 승천하시면서 성령을 주시겠다고 약속하셨다. 그분은 제자들에게 말씀하셨다. "아무 데도 가지 말라. 성령이 올 때까지 아무 일도 하지 말라."

제자들은 기다렸다. 자신들의 힘으로 세상을 바꾸려 노력하기보다 그 편이 훨씬 낫다는 걸 알았기 때문이다. 그리고 성령이 오셨다. 그분이 임하시자 모든 것이 깨어났다. 마음이 오락가락 혼란스럽고 주저했던 그들이 무엇을 하고 어떻게 해야 할지 분명히 알게 됐다.

일상을 살아가는 평범한 사람들이 힘과 영향력을 유지하는 방법이 바로 이것이다.

몇 안 되는 제자들에 의해 영원한 것들이 바뀌었고 하찮은 어부들에 의해 교회의 역사가 시작됐다. 말도 안 되는 이 사실은 하나님께서 그들 가운데 계심으로 가능해졌다. 성령이 함께하신 것이다. 자신의 믿음을 예수님께 온전히 둔 순간 제자들 모두에게 성령이 임하셨다.

성령은 우리를 도우시고, 우리가 하나님의 자녀임을 확신하게 하시고, 우리를 가르치시고, 심지어 우리를 위해 기도하신다. 또 우리가 무엇을 해야 하는지 인도하시고 그 일을 위해 필요한 것들을 갖추게 하신다. 다음과 같은 예를 보면 알 수 있다.

행 11:12 "성령이 내게 명하사 아무 의심 말고 함께 가라 하시매"
행 8:29 "성령이 빌립더러 이르시되 이 수레로 가까이 나아가라"
요 14:26 "보혜사 곧 아버지께서 내 이름으로 보내실 성령 그가 너희에게 모든 것을 가르치고 내가 너희에게 말한 모든 것을 생각나게 하리라"
눅 12:12 "마땅히 할 말을 성령이 곧 그 때에 너희에게 가르치시리라 하시니라"

이 사실은 인간의 실용주의를 반박한다. 우리를 불편하게 한다. 나는 보수적인 교단의 교회에서 자랐다. 성령이란 뭔가 통제에서 벗어난, 진실이 아닌 것처럼 애매하게 들렸다. 하지만 성령은 진실이다. 진실의 책인 성경 모든 페이지에서 성령을 빼고 얘기할 수 없다. 영적 존재가 있고 영적 계획이 실현되는 영적 전쟁의 현실을 믿어야 비로소 눈에 보이지 않는 성령님의 도움을 필요로 하게 된다. 이 모든 것이 사실이 아니라면 성령은 그저 말도 안 되는 얘기에 지나지 않는다.

나는 모든 규칙과 원칙을 따름으로써 예수님을 믿어 왔다. 하지만 관계라는 것은 그런 것이 아니었다. 관계는 이런 것이었다. 아홉 살짜리 아이가 내게 말대답을 할 때 인내심을 갖게 해달라고 하나님을 의지하며 내게 주신 재능을 어떻게 써야 하는지 인도해 달라고 기도하고 그분이 인도하신 대로 이 책을 쓰면서 무엇을 말해야 하는지 알려 달라고 간구하며 내 삶에 순종이 넘쳐 그 결과로 인내심을 갖게 해달라고 기도하면서 그분을 배워 가는 것. 이것이 바로 하나님과 관계를 맺는 것이었다.

예수님과 성령은 지금 우리 안에 있다. 우린 성령이 일하시기만 기다리면 된다.

성령이 우리를 이끌어주시지 않는다면 우린 나름의 목적을 위해 일하는 공상적 사회개혁가에 지나지 않는다. 그런 것들은 금방 사그라든다. 나중에 '그땐 그랬지.' 하고 가끔 떠올리게 되거나 '진짜였으면 얼마나 좋았을까.' 하고 바라는 드라마틱한 영적 체험에 지나지 않게 된다. 진정한 변화는 시간이 오래 걸린다.

우린 '무엇이라도' 하겠다고 기도하지만, 그 '무엇'이 정체를 드러낼 때까지는 몇 개월에서 몇 년씩 걸리기도 한다. 그리고 남은 평생에 걸쳐 계속해서 나타나는 것 같기도 하다. 우리가 뜻만 있다면 할 일은 얼마든지 있으니까.

예수님과 성령은 지금 우리 안에 있다. 우린 성령이 일하시기만 기다리면 된다. 무엇을 하라고 일러주시기를 기다리면 된다. 결코 쉬운 일은 아니지만 간단하고 분명한 원칙이다.

본향으로 부르시다

내쉬빌에서 잡힌 모임을 위해 집을 나서는 길에 내가 좋아하는 가게에 들렀다. 창문으로 브룩이 일하고 있는지를 들여다봤다. 브룩은 교회의 소모임 일원이었고 마크와 얼마 전 결혼한 상태였다. 마크가 대학원을 다니는 동안 브룩이 가게를 운영하며 살림을 꾸려 나가고 있었다.

브룩이 일에 몰두하고 있을 때 몰래 뒤로 다가가 안아주며 놀래켰다. 어떻게 지내냐고 물으니 그녀의 눈에 눈물이 고였다. 가게 한 쪽에 앉아 브룩은 최근에 친정어머니를 만나고 온 이야기를 들려주었다.

친정어머니는 몇 해 전 다발성경화증을 진단받았고 병세 진행이 빠른 편이었다. 한 번도 다른 사람의 도움을 요청하거나 불평한 적 없던 어머니가 하루종일 도움을 받아야 할 상황이었고 그래서 딸이 필요했다. 친정에 가서 어머니를 위해 집안일을 하는 동안 성령께서 마음을 움직이시는 게 느껴졌다. 브룩과 남편은 하나님께서 인도하시는 대로 하겠다고 기도했다.

하나님의 우선순위는 아름다웠고 눈에 보이지 않는 장소, 즉 이웃과 가족과 친구와 낯선 사람들에게로 뻗어갔다.

브룩은 울면서 말했다. "제 생각엔 성령께서 친정집으로 가라고 하시는 것 같아요. 아이를 입양하거나 아프리카로 가라고 하실 줄 알았어요. 하지만 하나님께선 어머니에게 돌아가라고 말씀하고 계세요."

하나님의 우선순위는 아름다웠고 눈에 보이지 않는 장소, 즉 이웃과 가족과 친구와 낯선 사람들에게로 뻗어갔다. 그분은 우리 주변의 균열을 메우는 데 우리의 삶을 쓰길 원하시고, 가끔은 우리 집 현관에서 멀리 떨어진 곳의 균열을 메우라고도 하신다. 그분이 언제고 부르시면, 우린 좀 더 잘 보이는 균열이나 우리가 생각했던 곳으로 가고 싶다는 말 대신 그 즉시 순종해야 한다.

주변엔 직업을 바꾸지 않고 사역자가 되는 사람들도 있고 어떤 사람들은 직업을 바꾸는 게 소명이기도 하다. 또 어떤 사람에겐 바로 앞에 있는 균열을 알아채는 게 소명일 수도 있다.

꿈꾸고 행하기

오스왈드 챔버스는 우리 각자가 경험하는 독특한 소명에 대해 다음과 같이 설명했다.

> 하나님의 부르심은 내 본성을 반영한 것이 아니다. 내 개인적인 욕망과 성품은 전혀 고려의 대상이 아니다. 내가 나의 기질과 성품에 사로잡혀서 내가 어떤 일에 잘 맞는지 생각한다면 나는 하나님의 부르심을 들을 수 없을 것이다. 하지만 하나님께서 나를 그분과의 올바른 관계로 인도하신다면, 나는 이사야와 같은 상태가 될 수 있다. 이사야는 하나님께 맞춰진 사람이었다. 큰 고난을 견뎌냈기 때문에 하나님의 부르심이 그의 영혼을 관통했다.

우리 대부분은 우리 자신의 생각 외에 다른 것은 들을 수 없다. 하나님께서 말씀하시는 것은 들을 수 없다. 그런데 하나님의 부르심을 들을 수 있는 그곳으로 인도되는 일은 온전히 변화되어야 가능한 일이다.[10]

다시 말해 위대하고 아름다운 하나님을 진실로 알아야 그 무엇이든 할 수 있게 된다는 것이다. 챔버스는 설명을 이어나간다.

예배란 사랑과 헌신으로 충만한 삶에서 흘러넘치는 것이다. 예배는 하나님과 나의 관계에서 내가 드리는 부분이며, 하나님의 본성으로 규정된 나의 정체성을 표현하는 일이다. 예배는 내 삶의 자연스러운 부분이 된다. 하나님은 나를 올바른 관계 안으로 부르시고 그리하여 나는 그분의 부르심을 이해하게 된다. 그러면 절대적인 사랑에서 흘러나오는 동기로 인해 그분을 섬기게 된다. 하나님을 예배하는 일은 하나님의 부르심을 듣는 영혼의 본성인 사랑을 나누는 일이다. 예배는 내 본성의 표현이고 하나님의 부르심은 그분의 본성의 표현이다. 그러므로 내가 그분의 본성을 닮고 그분의 부르심을 들을 때 그분의 신성한 목소리는 그분과 나의 본성에 울려 퍼져 예배 안에서 하나가 된다. 하나님의 아들이 내 안에서 자신을 드러내고, 그분에 대한 헌신으로 예배는 매일의 삶이 된다.[11]

예배, 혹은 자신의 소명을 위해 사는 것은 우리 하나님이 얼마나 진실하신가를 표현하는 일이다. 그분은 신뢰할 수 있고 그분을 사랑하며 나는 그분의 것임을 표현하는 일이다. 나는 스스로의 길을 혼자서 선택하지 않는다. 그것은 내 앞에 놓여 있었다. 세상에 시간이라는 것이 생겨나기 이전부터 내 앞에 있었다. 엡 2:10 "이 일은 하나님이 전에 예비하사 우리로 그 가운데서 행하게 하려 하심이니라". 이것은 우리에게 다가오는 아름다운 소명이다.

친구들은 성령님께 그저 순종한 것뿐 아니라 오랜 시간 그들을 괴롭혔던 죄에서 자유하게 됐다. 하나님이 더 커질수록 그들의 문제는 가라앉았다. 하나님은 모두를 자유롭게 하신 것이다. 우리의 애착과 목표, 미래가 바뀌었다. 우리는 이제 사명 아래 살고 있다. 삶은 정말 즐거워졌다. 친구들과 함께 천국으로 나아가고 있기 때문이다.

part 3

Living anything

삶과 '무엇이라도'

예수님이 간구했던 '무엇이라도'

예수님의 영혼 속으로 들어가는 가장 강력하고 친밀한 관점은 기도에서 찾을 수 있다. 예수님이 십자가에 못 박히기 전날 예수님과 하나님이 나눴던 부자 간 아름다운 대화의 방법은 기도였다. 죽음을 목전에 둔 예수님의 영혼을 들여다보면 무엇이 그분께 가장 중요했는지 알게 된다. 그분이 무엇을 위해 살았는지, 또 우리가 무엇을 위해 살아야 하는지를 보여주는 예이다.

매우 다른 언어로 예수님은 '무엇이라도' 하겠다고 기도하셨다. 그분은 일생 동안 홀로 그 기도제목을 놓고 기도하셨다. 하지만 여기, 역사상 가장 잔인한 사건이 일어난 당시 그분은 우리를 위해 기도하신다.

예수님이 우리를 위해 모든 것을 내어주신 날을 하루 앞둔 밤 이렇게 말씀하셨다. 그날 밤 말씀하신 것을 읽으면서 그분의 마음을 헤아려 보도록 해보자.

> 아버지여, 때가 이르렀사오니 아들을 영화롭게 하사…
>
> 아버지께서 내게 하라고 주신 일을 내가 이루어 아버지를 이 세상에서 영화롭게 하였사오니…
>
> 내 것은 다 아버지의 것이요 아버지의 것은 내 것이온데 내가 그들로 말미암아 영광을 받았나이다
>
> 내가 세상에서 이 말을 하옵는 것은 그들로 내 기쁨을 그들

안에 충만히 가지게 하려 함이니이다

내가 세상에 속하지 아니함 같이 그들도 세상에 속하지 아니함으로 인함이니이다

내가 비옵는 것은 그들을 세상에서 데려가시기를 위함이 아니요 다만 악에 빠지지 않게 보전하시기를 위함이니이다…

아버지께서 나를 세상에 보내신 것 같이 나도 그들을 세상에 보내었고…

아버지여 내게 주신 자도 나 있는 곳에 나와 함께 있어 아버지께서 창세 전부터 나를 사랑하시므로 내게 주신 나의 영광을 그들로 보게 하시기를 원하옵나이다

(요 17:1, 4, 10, 13~15, 18, 24)

저자는 정직함과 유머로 자신의 이야기를 풀어나간다. 자신을 심각하게 다루지 않고 하나님을 심각하게 다루는 몇 안 되는 작가다. 저자는 '무엇이라도'란 기도가 자신을 어디로 데려가는지 영적인 여정에 독자들을 초대한다. 이 책은 하나님께 온전히 순종하는 것이 어떤 의미인지 경험하고 있는 모든 사람에게 용기를 줄 것이다.

수지 호킨스 | From One Ministry Wife to Another의 저자

::14

세상에 속하지 않은 우리의 소명

지난 주 여섯 살짜리 딸 캐롤라인에게 생일선물로 뭘 갖고 싶으냐고 물었다. 두어 가지 정도 말하겠지 하고 생각했다. 그런데 딸은 방으로 들어가더니 잠시 후 열 가지 선물후보가 적힌 목록을 들고 나타났다. 큰 오빠 도움을 받아 완성한 것이었다.

캐롤라인의 생일선물 목록

· 아이팟

· 움직이는 나무 뱀

· 진짜 동전지갑

· 접는 지갑

· 립스터 게임(교육용 게임기)

· 동물인형
· 진짜 카메라
· 댄스 레볼루션 비디오게임(큰 오빠가 갖고 싶었던 게 틀림없다)
· 선글라스
· 개

딸아이는 이 순간을 기다리면서 자기가 원하는 그 목록들을 조용히 적어 나갔던 것이다. 우린 그 목록 중에 현실적이고 값싼 것으로 절반을 추려냈다. 어쨌거나 딸이 오빠의 도움을 받아 자신이 원하는 것을 정확히 파악했다는 건 놀라웠다.

나는 무엇을 가장 원하는가?

너무나 많다. 바보 같은 것도 몇 가지 있다. 당장 세차를 해야 하고, 새 아이폰도 갖고 싶었으며, 남편과 데이트를 하거나, 하룻저녁 날을 잡아 드라마 '30 Rock'(편집자 주: 방송사에서 일어나는 에피소드를 다룬 드라마)도 보고 싶었다. 물론 진정한 우정을 나누거나, 우리 아이들이 원하는 그런 훌륭한 사람이 되거나, 내 글을 통해 변화를 만드는 일 같은 더 깊은 차원의 것들도 원했다.

하지만 가장 원하는 것은 무엇인지, 내 영혼의 가장 깊은 소망은 무엇인지 말할 수가 없었다. 분명한 것은 중요한 사람, 환영받는 사람이 되고 싶은 이기적인 욕구가 내 마음 가운데 깊이 자리하고 있다는 것이다.

하나님은 무엇을 가장 원하실까?

나는 그 답을 항상 알고 있었다. 비록 그 답이 무엇을 뜻하는지는 확실하게 모르더라도 말이다.

하나님은 영광 뒤에서 하나님이 되신다.

영광, 추상적이고 신비한 단어다. 존 파이퍼는 하나님의 영광을 "그분의 신성함이 펼쳐지는 것"[1]이라고 표현했다. 오직 하나님 한분만 드러나 우리는 그분을 보고 맛보고 느끼고 결국엔 얼굴을 대고 엎드리게 되는 것이다.

영광은 하나님의 증거다. 욕실 바닥에 엎드려 그분을 만났던 그날 밤 내게 임했던 그분의 숨결처럼 놀라운 영광을 나타내신다. 나는 케이티의 블로그를 읽으며 그분의 영광을 보았고 그 이후로 내가 원하는 모든 것이 변했다. 나는 그때 느껴지던 하나님과 나란히 걷고 싶었다. 하나님을, 즉 그분의 영광을 본 후 다른 아무것도 원하지 않게 됐다. 왜 케이티의 블로그가 멀리 떨어진 텍사스 오스틴의 나에게 하나님을 생생하게 느끼도록 한 것일까? 어떻게 하나님의 영광이 컴퓨터 모니터 밖으로 나와 내 영혼으로 들어온 것일까.

오직 하나님 한분만 드러나 우리는 그분을 보고 맛보고 느끼고 결국엔 얼굴을 대고 엎드리게 되는 것이다.

요 17:1, 4, 10 "아버지여 때가 이르렀사오니 아들을 영화롭게 하사

> 아들로 아버지를 영화롭게 하게 하옵소서… 아버지께서 내게 하라고 주신 일을 내가 이루어 아버지를 이 세상에서 영화롭게 하였사오니… 내가 그들로 말미암아 영광을 받았나이다".

예수님이 죽음을 앞두고 기도하러 가셨을 때, 아버지 하나님을 만나 간청하실 때, 그분의 입에서 반복되던 단어가 하나 있다. 예수님은 하나님의 '영광'을 위해 기도하셨다. 그 영광을 간구하셨다. 예수님은 이 땅에서 사는 동안 하나님의 영광을 세우고 펼치는 일에 매진하셨다. 돌아가시기 전까지 예수님에겐 자신과 사람들을 통해 하나님이 드러나는 일 외에 중요한 것은 아무것도 없었다.

이 글을 쓰고 있는 지금 이 순간에도 내가 하나님의 영광을 진정으로 중요하게 생각하는지 의심이 든다. 곰곰이 생각하지 않고는 그분께 순종하기 어렵다. '내가 어떤 희생을 치르게 될까?' 그런 식으로 생각하고 싶지 않지만 나는 여전히 나 자신에 속해 있고 아직도 그렇게 이기적이다. 많은 것들을 원하고 편안함과 즐거움을 원하며 고통은 피하고 싶다. 모든 게 나의 통제 하에 있는 느낌이어야 안정이 된다. 어떤 날은 글을 쓰거나 하나님의 영광에 대해 공부하기보단 차라리 대형마트에 가거나 페이스북을 하고 싶은 때도 많다.

자주 그렇듯 나는 오늘도 하나님을 실제로 만나 그분이 누구신지 조금이나마 알고 무엇이든 할 수 있다고 생각했던 그 순간들을 잊고 있었다. 나를 위해 쓰인 것 같은 성경구절을 통해 그분이 말씀하실 때의 그 감격스러운 기분도 잊어버렸고, 창문을 열고 달릴 때 자연스레 찬양이 흘러나오는 은혜의 순간도 날아가 버렸으며, 우리 아홉 살짜리 딸이 실수를 용서받은 후 요거트 하나를 받아들고 용서의 자유함을 만끽하는 그 순간에도 나는 그분의 영광을 잊고 있었다.

하나님이 살아 계신 것 외에 다른 것은 아무것도 중요하지 않다.

나는 잊어버렸다. 그분이 살아 계신 것 외에 다른 것은 아무것도 중요하지 않다는 것을 말이다. 다시 그분의 흔적과 영광을 보고서야 비로소 잠에서 깨어나 그 순간들을 기억해냈다.

내가 만일 하나님이 가장 원하시는 것을 함께 원하고 예수님처럼 다른 무엇보다 하나님의 영광을 원하며 이 땅에서 사는 동안 내 삶과 마음의 동기가 하나님을 드러내는 것이라면 얼마나 좋겠는가.

우리를 위해 기도하시는 예수님

예수님은 자신뿐 아니라 제자들과 우리를 위해서도 기도하셨다.

요 17:16,18 "내가 세상에 속하지 아니함 같이 그들도 세상에 속하지 아니하였사옵나이다… 아버지께서 나를 세상에 보내신 것 같이 나도 그들을 세상에 보내었고".

그날 밤 예수님은 다락방에서 산소가 다 없어질 때까지 기도하셨다. 죽음이 다가오고 있었고 제자들에게 곧 떠나야 한다고 말씀하셨다. 세상이 예수님을 미워하듯 제자들도 미워할 것이란 얘기도 전하셨다. '아버지여, 아들로 아버지를 영화롭게 하옵소서. 저들로 아버지를 영화롭게 하옵소서.'

그날 밤 모두가 그 무겁고도 엄청난 대가가 따르는 의미심장한 소명의 무게를 느끼며 예수님 곁에 앉아 있었다. 이 땅에 하나님의 영광을 나타내라는 소명이었다. 그 중 몇 명만 그 소명을 이뤘고 그들의 대부분은 소명을 따르다 죽음을 당했다.

예수님은 기도를 이어가셨다. 요 17:20,11 "내가 비옵는 것은 이 사람들만 위함이 아니요 또 그들의 말로 말미암아 나를 믿는 사람들도 위함이니… 나는 세상에 더 있지 아니하오나 그들은 세상에 있사옵고…".

단순한, 그러나 쉽지 않은

제시는 누가 봐도 훌륭한 사람이라는 것을 쉽게 알 수 있는 그런 아가씨였다. 나 또한 제시와 함께 있는 게 좋았다. 제시와 그녀의 친구들은 예수님을 따른 지 얼마 안 됐다. 모두 율법주의에 질려 교회를 떠났다가 돌아왔다는 공통점이 있었다. 하나님과 크리스천 친구를 만나고픈 갈구 때문에 우리 집에서 성경공부에 합류했다. 그들은 생각보다 훨씬 더 위대한 하나님을 발견했고 호기심 가득한 눈으로 질문을 쏟아냈다. "그러니까 성경은 연대별로 정리된 것이 아니군요." "성령님은 누구신가요?" "하나님은 어떻게 태어나신 거예요?" 그렇게 하나님에 대해 하나씩 알아 갔다.

그들은 하나님을 더욱 더 알고 싶어 했다. 이전의 모든 가치관을 날려버리신 하나님, 측정할 수도 없는 그분, 하나님은 그들에게 아름다운 분이셨다.

어느 날 밤, 제시가 좀 더 있다 가도 되냐고 물었다. 제시의 눈을 보니 뭔가 고민이 있다는 걸 알 수 있었다. 제시는 거실에 앉아 우리 부부에게 남자친구가 동거하자는 제안을 해왔다고 털어놨다. 제시는 이미 그렇게 하겠다고 대답했고 형편이 되는 대로 결혼할 계획이라고 했다. 부모님도 결혼하기 전 함께 살아보는 것이 괜찮다고 승낙했으며 제시도 별 문제없다고 생각한다고 했다.

하나님을 만나기 전까지는 말이다. 그런데 이제는 혼란스러운 것이었다.

그 이야기를 들으며 우리 부부는 이제 막 믿기 시작한 제시가 자신 안에 계시며 그녀를 이끌고 움직이시는 하나님을 발견해 가는 모습에 감탄하지 않을 수 없었다. 나는 성경공부 시간엔 성생활이나 결혼에 대해 전혀 언급한 적이 없었다. 오로지 하나님께서 제시를 움직이셨고 이제는 제시가 선택해야만 했다.

하나님에게 모든 것을 걸 만한 가치가 있는 걸까? 만일 그렇다면 남자친구에게 '안 돼!'라고 말하는 것은 평생 가장 어려운 일이 될 것이었다.

제시는 무겁고 두려운 마음으로 우리 집을 나섰다. 제시는 세속적인 지혜와 실용적인 선택으로 가득한 세상에서 떨어져 나와, 불과 몇 달 전만 해도 자신의 인생에 전혀 들어 있지 않던 하나님께 의지하는 모험을 선택한 것이었다.

제시는 그날 밤 우리 집 거실에 남아 남자친구와 동거하지 않겠다는 결심뿐 아니라 결혼 전까지 성생활도 하지 않겠다는 얘기도 하겠다고 계획을 세웠다. 우리가 조언하거나 강요한 것도 아니었다. 우린 그저 자신의 '가장 중요한 것'을 기꺼이 포기하게 하시는 성령님의 이끄심을 경이로움으로 바라보기만 했다.

우린 함께 기도했고, 제시는 무겁고 두려운 마음으로 우리 집을 나섰다. 제시는 세속적인 지혜와 실용적인 선택으로 가득한 세상에서 떨어져 나와, 불과 몇 달 전만 해도 자신의 인생에 전혀 들어 있지 않던 하나님께 의지하는 모험을 선택한 것이었다.

예수님은 말씀하신다. 요 17:16 "내가 세상에 속하지 아니함 같이 그들도 세상에 속하지 아니하였사옵나이다". 하지만 매일 아침 눈을 뜨면 항상 같은 장소에, 똑같은 카펫 위로 발을 내려놓는다. 가득 쌓인 설거지와 휘발유가 떨어진 차, 잡초가 무성한 잔디밭, 잔뜩 쌓인 고지서, 아이들을 위해 차려내야 하는 아침식사. 우린 매일 아침, 우리를 필요로 하는 세상에서 깨어난다. 그게 땅이든 타일이든 나무 바닥이든 먼지든 누구나 자신의 의무로 가득 찬 이 세상에 발을 딛는다.

그리고 이 세상이 요구하는 규칙과 기대, 바람대로 움직인다. 내가 자란 세상은 울타리와 예쁜 커튼이 있는 안전한 마을, 그 안에서 특히 하나님을 믿는다면 그리 어렵지 않게 살던 삶이 펼쳐졌다. 하지만 예수님은 나를 위해 다음과 같이 기도하셨고, 그분을 믿게 될 모두를 위해 똑같이 기도하셨다.

> 너는 이 세상에 속하지 아니하였다. 제니, 여기에 속하지 않았다. 매일 아침 이 땅에 발을 딛고 일어나겠지만 그 세계에 속한 건 아니다. 그러니 이 땅의 규칙과 기대를 따라 살지 말아라. 물론 너도 그런 것들을 소망하지 않는다는 걸 안다. 너는 내가 누구인지 알고 너는 내 것이니, 네 집과 네 소망은 영원히 나와 함께 있다. 희생이 따르더라도 너의 간구는 이 땅에서 짧은 삶을 나의 사명을 위해 보내는 것이다. 너도 삶이 짧다는 것을 잘 알고 있기 때문이다.

우린 삶이 너무도 일시적이란 사실을 계속해서 잊는다. 내 소망을 이 땅의 삶에 두고 그것을 일궈내고 그 삶을 위해 살아간다. 우연히 '프로젝트7 커피'의 창시자인 타일러 메릭의 트위터에서 다음과 같은 글을 읽게 됐다. 프로젝트7 커피는 전 세계 불우이웃에게 수익금의 일부를 기부하고 있다.

"삶이 일시적인데 왜 아등바등 상처를 안 받고 사는 방법을 생각해 내는 데 몰두하는가?"[2)]

이 땅에서의 삶이 일시적이란 사실을 믿으면, 그 믿음 하나가 우리의 삶의 태도를 바꾼다.

제시가 초조해하며 남자친구에게 동거하지 않겠다고 말하러 간 다음날 아침 긴 문자 하나가 왔다. 제시와 남자친구의 관계가 깨졌다는 내용일 것이라 짐작했다. 난 하나님의 타이밍이 좀 얄궂은 데가 있다고 생각하는 경향이 있다. 너무 어린 나이에 제시가 많은 것을 희생하지 않게 되기를 바랐다. 내 딸 케이트는 제시가 이제 막 하나님을 알아가기 시작했다고 했다. 나는 그런 제시가 가장 소중한 사람 곁에서 떠나라고 말씀하시는 것으로 인해 상처가 되지 않기를 바랐다.

우리는 하나님을 하나님이시라고 생각하는 것이 아니라 직장의 무서운 상사로 생각하는 때가 많다. 그래서는 안 된다. 그분이 선하고 아름다운 이야기를 만들어 가시기에 그분을 따르는 것이 되어야 한다. 강압에 이기지 못한 복종은 하나님을 따르는 방법이 아닌 것이다. 물론 쉽지 않은 일이지만 그러기로 선택한다면 얼마든지 아름다운 이야기를 발견할 수 있다.

제시의 문자는 다음과 같았다.

어젯밤 너무 걱정이 됐지만 맷에게 모든 것을 말했어요. 우리가 나눈 대화와 하나님에 대해 느끼는 모든 것들을요. 맷은 제 얘기를 들은 후에 하나님이 자신의 마음도 움직이고 계시다고 말했어요. 맷 역시 우리의 관계를 통해 하나님을 기쁘시게 하고 싶다고 확신하고 있었지만 저에게 무서워서 말하지 못했대요.

그들은 함께 성장하고 순결함을 따르기 시작했다. 그 후 몇 개월 동안 나는 그 커플이 너무도 평화롭고 행복하게 교회에 함께 앉아 있는 모습을 보곤 했다. 하나님은 살아 계시고, 그분을 위해 사는 삶 속에 그들은 쉽진 않지만 아름다운 이야기를 발견해 나갔다. 만일 제시가 새롭게 알게 된 하나님을 따르기로 모험하지 않았다면 그들은 많은 것을 놓쳤을 것이다.

우리가 하나님을 위해 '무엇이라도' 하겠다고 기도한다면, 예수님처럼 이 땅에서의 삶과 우리가 사랑하는 많은 것들을 내려놓아야 한다. 우리는 하나님의 영광을 위해 모험하도록 부르심 받았다. 예수님은 자신을 따르는 사람들에게 편안함과 안전함을 약속하지 않으셨다. 그 길은 원래 위험을 추구하도록 되어 있다. 하나님의 영광은 이 땅에서 위대하게 드러날 것이고, 이 땅을 새롭게 하신다는 그 위대한 계획의 일부가 되는 것은 얼마나 큰 특권인가.

우리가 하나님을 위해 '무엇이라도' 하겠다고 기도한다면, 예수님처럼 이 땅에서의 삶과 우리가 사랑하는 많은 것들을 내려놓아야 한다.

어떻게 하나님의 영광이 컴퓨터 화면에서 떨어져서 나에게로 왔겠는가. 아프리카에서 블로그에 글을 쓰던 소녀가 하나님이 예비한 삶을 살고 있었기 때문이다. 소녀는 순종하며 따랐고, 그 결과로 하나님의 영광이 나타난 것이다.

::15

솟구치는 의심 극복하기

마치 롤러코스터를 타고 꼭대기를 향해 천천히 올라가며 온갖 두려움과 불확실성과 맞서 싸우는 것처럼 모든 게 더 빠르게 움직이고 있었다. 그 다음 기다리는 것은 자유낙하였다.

그해 7월, 그러니까 나의 서른두 번째 생일 전날 밤, 하나님은 한밤중에 나를 깨우셨다.

하나님이 내 재능을 사용하라는 명확한 부르심이 있었을 때 나는 당연히 우리 교회와 공동체를 대상으로 하는 것이라고 생각했다. 그래서 성경공부 모임을 이끌며 그와 관련된 글을 쓰기 시작했다. 성경공부 모임은 내가 끊임없이 노력하고 또 하나님께서 내 삶을 내 손에서 떼어내기 시작하시면서 찾게 된 자유로부터 탄생한 것이었다. 그 모임은 우리가 불만족, 분노, 두려움과 같이 보이지 않는 문제와 거기서 벗어나려고 발버둥치는 동안 어떻게 예수님이 관여하시는지를 이해하도록 돕는 게 목적이었다.

하지만 내가 두려움에 대해 사람들 앞에서 설명하던 그때, 정작 나 자신은 강의와 글쓰기를 통해 내 실체가 드러나지 않을까 하는 두려움과 격렬하게 싸우고 있었다.(하나님께서 그 두려움마저 사용하신다는 데는 의심할 여지가 없다.) 우리 모임은 성장하며 자신만의 방식을 내려놓고 자유를 찾았다.

모임에 참여한 많은 사람들이 명목뿐인 믿음에 회의를 갖게 됐고, 또 어떤 사람들은 처음으로 예수님을 영접했다. 정말 아름다운 일이었다.

모임에 참여한 많은 사람들이 명목뿐인 믿음에 회의를 갖게 됐고, 또 어떤 사람들은 처음으로 예수님을 영접했다. 정말 아름다운 일이었다. 그저 더 많은 지식을 습득하는 것과는 차원이 달랐다. 하나님은 성경공부를 통해 순종을 이끌어내셨다. 우린 모두 변하고 있었다. 그것으로도 충분하다고 생각했다.

하지만 내 생일 전날 밤, 하나님은 나를 흔들어 깨우신 것이다. 난 지금까지 그분이 원하시는 것을 하고 있다고 생각했다. 그래서 더 이상 깊게 생각하지 않으려 했다. 나는 이미 성경공부 모임과 글쓰기, 사모의 사역 등으로 과도하게 사생활이 노출되고 있었다. 하지만 하나님은 더 많이 노출되게 하셨고, 그날 밤 새로운 과제를 주셨다. 하나님은 이제 우리가 공부하던 수준을 넘어 그분을 전파하기를 원하셨다.

하나님을 알고 그분을 사랑하는 우리 모임의 멤버들에게 친구, 동료, 이웃, 또 다른 이들을 모임에 초대하는 것을 통해 하나님의 임재를 알리는 경험을 나누길 원하셨다. 우린 진리를 알고 있었으나, 하나님은 한 번도 교회에 나온 적이 없거나 성경공부를 해본 적이 없는 사람들에게 그 진리를 나누길 원하셨던 것이다.

누가복음 14장에서 예수님은 나를 사로잡는 이야기를 하고 계신다. 이 이야기는 길을 잃고 고통당하는 사람들을 위한 그분의 마음이요, 우리 하나님의 부르심이다.

> 한 남자가 잔치를 열고 많은 사람을 초대했다. 시간이 다가오자 그는 종들을 초대한 사람들에게 보내 말했다. "모든 것이 준비됐으니 오십시오." 하지만 그들은 모두 비슷한 변명을 하기 시작했다. 종들은 남자에게 돌아와 모든 것을 고했다. 남자는 매우 화가 나서 종에게 말했다. "빨리 거리와 골목으로 나가서 가난한 사람과 장애인과 앞 못 보는 사람들과 다리가 불편한 사람들을 데려오라." 종은 대답했다. "이미 말씀하신 대로 했지만 아직도 빈 자리가 남아 있습니다."

그리고 여기 나를 번번이 울게 만드는 대목이 나온다.

> 눅 14:23 "주인이 종에게 이르되 길과 산울타리 가로 나가서 사람을 강권하여 데려다가 내 집을 채우라".

우리의 하나님은 강권하시는 분이다. 우리에게 '가서 사람들을 설득해 데려오라'고 하신다. 강권하는 것은 다른 사람의 삶에 강력하고 거부하기 힘든 영향력을 갖는다는 의미로도 풀이된다.

우리 대부분은 이렇게 하지 않는다. 되도록 억지로 권하는 것은 피한다. 유치하고 짜증나는 행위라고 생각하기 때문이다. 그렇다면 유치하지 않고 짜증 안 나는 방법을 찾아야 한다. 요즘 세대는 강권하지 않는 척하는 것을 더 싫어해서 교회로부터 점점 멀어져 스스로 종교를 만들어낸다. 우리가 그들에게 하나님을 모셔가야 하는 것이다.

나는 이미 성경공부 모임을 이끌고 있었고, 하나님은 나에게 모임을 키우라고 말씀하고 계셨다. 나이를 불문하고 여러 문제로 고군분투하는 사람들이 우리 모임에 참여하는 걸 그분은 원하고 계셨다. 내 다음 과제는 거기서 출발한다는 걸 깨달았다. 이런 경험들은 믿음이 깊은 신자들과 하나님을 잘 모르는 사람들 사이의 간극을 메울 수도 있을 것 같았다.

생일 아침에 깨어난 나는 기쁨으로 가득 찬 마리아처럼 행동할 수 없었다. 마음이 너무 무거웠다. 그 과제는 하나님으로부터 온 것임을 알고 있었기 때문이다. 몇 개월 전 남편과 '무엇이라도' 하겠다고 기도했으니 거부할 수도 없었다. 이제 그분은 어떤 방식으로 나를 사용하실 것인지 알려주고 계셨다. 중압감과 심각성이 분명하게 느껴지기 시작했다. 과제는 다름 아닌 책을 쓰는 것이었다. 우리 교회와 공동체에만 국한된 글을 쓰는 것이 아닌 세대에 걸쳐 하나님을 알리는 책을 쓰는 것이었다.

난 사람들에게 알려지는 걸 원하는 사람이 아니었다. 심지어 교회에서도 사모로 주목받는 게 싫을 정도였다. 그런데 하나님께서 주신 다음 과제를 하려면 더 적나라하게 나 자신을 노출시켜야 하는 것이다. 처음엔 기가 막혀서 웃었고 다음엔 걱정이 돼서 아팠다. 난 세 아이의 엄마였고 곧 태어날 아기가 뱃속에 있었다. 그렇게 아이들에 둘러싸여 시달리는 한낱 아줌마인 내가 어떻게 한 세대는 고사하고 한 출판사에라도 선택될 수 있단 말인가.

"제니, 그걸 꼭 해야만 해. 하나님이 하실 거야. 걱정하지 마. 기다리면 돼."

친한 친구들이 그날 저녁 생일파티를 열어주었다. 이웃에 복음을 전하며 가정을 사역지로 삼은 친구 베카가 내가 좋아하는 디저트를 만들어줬다. 우린 풀장 근처에 앉아 물 위에 비치는 하늘을 바라보며 '트라이플' (역자 주: 케이크 위에 포도주를 붓고 커스터드 크림을 얹은 디저트)을 먹었다. 나를 누구보다 잘 알고 있는 친구들은 내 최고의 재능이 빠른 시간 안에 깊은 대화를 이끌어 내는 것이라고 했다. 음식이 곁들여진 풍부한 대화는 내게 천국의 일부를 맛보게 한다. 친구들은 나에게 이런 저런 질문을 하며 대화를 더욱 맛깔스럽게 했다.

나는 더 이상 중압감을 감당하기 어려웠다. 한밤중에 깨어나 듣게 된 비전, 두려움, 불확실한 문제들, 부르심에 대해 친구들에게 눈물을 흘리며 말했다. 내 주저함을 알아챈 친구들은 지혜롭게도 그저 내 얘길 들어주며 격려했다.

"제니, 그걸 꼭 해야만 해. 하나님이 하실 거야. 걱정하지 마. 기다리면 돼." 친구들은 내 재능을 격려하고 부르심에 대해 확신했다. 그리고 하나님이 움직이라고 말씀하실 때까지 인내하며 기다리도록 도와줬다.

친구들이 나를 지지해주는 동안 하나님의 부르심은 살을 덧입고 살아났다. 우린 정기적으로 모여 기도했고, 친구들은 말씀을 문자로 보내주고 함께 축하했다. 또 내가 혼란에서 그만 벗어나고 싶은 수많은 순간 나를 더 깊은 순종으로 이끌었다. 하나님은 내가 결코 혼자서는 이것을 할 수 없다는 걸 알고 계셨던 것이다. 하나님은 그분의 뜻을 이루기 위해 우리에게 필요한 것을 공급해 주시는 분이다.

그 후 몇 개월 동안 밖으로 나가지 않고도 기적적으로 내 책을 출간하겠다는 출판사를 찾아냈다. 내가 한 것은 그저 앉아 있었던 것뿐이다. 솔직히 '무엇이라도' 하겠다는 그 기도를 당분간 놓고, 최선을 다해 아이들을 돌보고 가까운 사람들을 사랑하는 데 매진하고 싶었다. 어쩌면 이번 부르심을 좀 더 미룰 수도 있지 않겠는가. 이를 테면 50세에….

하나님께서 내가 좀 더 많은 것을 하기 원하시면, 나는 그 일의 성취를 위해 기다려야 한다는 걸 알고 있었다. 난 뭔가를 만들어내고 싶지 않았다. 그때 그 마음이 내 것인지 하나님의 것인지 고민되기 시작했다. 하나님이 다음 갈 길을 보여주시면 순종할 참이었다. 동시에 일상적인 일도 하며 살아야 했다.

그래서 그해 가을, 나는 성경공부 모임에서 다윗의 삶에 대해 다루기 시작했고, 그게 하나님께 내 삶을 맡기고 그분을 따르는 일처럼 보였다. 마치 모임의 모든 사람들이 하나님을 알기 위해 애쓰는 선생님을 지켜보고 있는 것만 같았다. 나는 무너져 내렸고 열정적이었고 눈물이 났고 정신이 나갔다. 나는 모임 한 가운데서 울었다. 하지만 아무것도 달라지는 건 없었다.

그런데 어느 날 모임에서 다윗에 대해 전에는 보이지 않던 새로운 것들이 눈에 들어왔다. 다윗의 눈이 보인 것이다. 그의 눈은 하나님을 향해 초점이 맞춰진 레이저 불빛 같았다. 삶에서 고난이 있을 때마다 그는 눈을 돌려 재빨리 본능적으로 초점을 하나님께로 맞췄다. 이것이 하나님을 기쁘시게 해 다윗을 '하나님의 마음에 합한 자'라고 부르시며 나라를 맡도록 하셨다.

하나님께 고정되고 초점이 맞춰진 사람이 하나님을 기쁘시게 했다.

나는 하나님의 글쓰기 과제를 얼마간 방치해 뒀다. 대신 하나님이 우리 가족을 위해 준비하신 또 다른 과제로 향했다. 케이티의 블로그를 읽고 나서 남편과 함께 기도하며 '빈 침실'에 힌트를 얻은 다음부터 나는 당장 아프리카로 달려가 일을 시작하고 싶었다. 아프리카 아이들을 만나면 다음 갈 길이 좀 더 분명하게 보이리라 생각했다. 빈 침실을 채워야 하는 건 알았지만 아직 두려웠다. 그 당시 나는 다음과 같은 글을 썼다.

커튼과 예쁜 삶

2009년 8월9일

만일 내 블로그에서 최근 몇 개월 간 올라온 글을 봤다면 하나님이 우리의 짧은 삶에 두신 계획을 놓고 우리가 얼마나 고심했는지 알 수 있을 것이다. 우린 어떤 것이든 할 준비가 돼 있었다. 우린 모두 이 땅에서의 삶이 한시적인 것을 너무나 잘 알고 있었고 하나님이 우리를 사용하시길 원했다.

하지만 블로그를 시작할 당시엔 내가 충분히 그런 경지에 오르지 않은 상태였다. 나는 그저 내가 분명히 배웠던 것을 나누는 장소로 우리 집을 활용하게 될 것이라 믿었을 뿐이다. 하나님이 내 상식에서 살짝 벗어나는 일들을 내 마음속에서 일으키실 줄은 꿈에도 몰랐다.

나는 지금도 블로그를 운영하고 있고 이 공간에서 꿈도 꾼다. 그런데 마음이 아프다. 블로그를 시작할 때만 해도 내 생각 일부와 현재의 문제만 가볍게 나누면 된다고 확신했다. 나의 꿈들과 함께 고민을 나누는 일은 적절치 않아 보였다. 마치 나의 은밀한 것들을 보여주기 위해 커튼을 들어 올리는 것 같았다. 수십 개의 다른 의견들 앞에 나의 숨겨진 속사람을 드러내는 것만 같았다.

하지만 블로그를 시작했던 시점과 이런 고민들은 우연의 일치가 아니었다. 하나님께서 원하시는 것일지도 몰랐다. 내 삶은 내 것이 아니고, 블로그는 내가 받은 것들을 글로 나누는 공간이다.

내 연약한 성품을 온전히 공개하고, 믿음을 갖는 과정 속에 내 마음과 생각을 뒤흔드시는 하나님을 얘기하는 것은 부끄러워할 필요가 없는 것이었다. 하나님은 우리 마음속 모든 문제를 풀어 가신다. 때문에 나는 내 문제를 고백하고 하나님의 은혜를 구하는 것이다.

베스트셀러 작가이자 신학자인 헨리 나우웬은 이 문제에 대해 말했다. “내 삶이 나에게 속한 것만큼이나 다른 사람들에게도 속해 있다는 것, 가장 독특한 방식으로 경험한 것이 가장 일반적이며, 사람들에게 가장 깊숙이 새겨져 있다는 사실이 갈수록 확실해진다.”[3)]

이 글을 읽는 독자들은 내 믿음의 동역자라고 확신한다. 그러니 온 우주의 하나님을 알아가는 나의 뒤죽박죽 혼란한 이 과정이 가장 일반적인 것인지 지켜보자.

만일 내 안전이 보장된 상태에서 사람을 구할 수 있다면 나는 기꺼이 그렇게 할 것인가? 이것은 마음속에 있는 자신의 모습과 관련된 문제다. 지구촌 전체를 놓고 보면 우리 가족은 부자라 할 수 있고 침대 하나 정도는 나눌 능력이 있고 식료품 창고는 가득 차 있지만, 그래도 나는 두렵다.

아프리카 아이들 사진을 볼 때마다 마음이 아파 눈물이 난다. 버려진 고아들 중 하나를 데려와 키울 생각도 한다. 망설임은 있다. 수많은 불확실성이 우리의 삶을 어떻게 변화시킬지가 두려운 것이다. 우리 가족이 속한 백인들의 세상이 염려스럽고 이미 아이가 넷이나 있는 점도 걸린다. 언니나 여동생과 달리 나는 아이를 셋 이상 원해 본 적이 없다. 내 삶은 이미 충분하며 대부분은 차고 넘친다.

아직 서류도 마련하지 못했지만, 그날이 다가오고 있다는 사실이 느껴지기도 한다. 어떤 사람들은 이런 일에 관심을 두는 우리 가족이 고생을 사서 한다고 생각한다. 하지만 어떤 무모함, 무조건적인 사랑으로 그 일을 하고 있다는 사실을 깨닫게 된다. 남편과 내가 '프로포즈'(2009년 개봉)란 영화를 보고 나오던 길에 남편은 말했다.

"영화를 보고 나니 입양을 하고 싶어졌어. 사랑받지 못한 여자주인공은 어떻게 사랑하는지 모르잖아. 그런데 우리 가정엔 이미 차고 넘치는 사랑이 있어."

그 후 남편은 언제나 말했다. "우리가 입양을 안 할 이유가 없는 것 같아." 나는 공감했다.

나는 세상에 의지할 데라곤 없는 영화 속 세 아이들을 잊을 수 없었다. 그에 반해 나에겐 그 아이들 중 한 명을 도울 여유를 포함해 모든 게 있었다. 위험을 감수할 필요가 없는데 왜 생명을 구하지 않으려 하는가. 이 일이 내 삶, 내 가정, 안전한 생활에 위협이 될까? 아니다. 기껏해야 내 편안함에 방해가 될 뿐이지 내 삶을 흔드는 건 아니다.

> 누군가는 입양을 하기 전 100% 확신이 있어야 한다고 충고한다. “정말 하나님이 원하시는 것 맞니?”라고 물으면서. 하지만 하나님께선 우리의 순종을 이끌어내기 위해 필요 이상 확실하게 얘기하실 필요는 없다고 생각한다. 하나님은 나의 풍요로움을 사용해 그것이 필요한 사람들을 축복하실까? 우리가 가난한 사람들을 돌보길 원하실까? 내 삶을 내려놓길 원하실까? 고아들을 돌보라고 명령하실까?
>
> 한 가지 확실한 것은 하나님은 내 안의 혼란을 바꿔놓으신다는 사실이다. 나는 예쁘고 편안한 삶에 대한 집착을 놓기 시작했다. 내 상식과 능력에 바탕을 둔 결정을 하고 싶지 않았다. 하나님이 우리 가족에 두신 뜻을 놓치고 싶지 않았다. 두렵기 때문이다.[4]

우리가 기꺼이 할 준비가 되어 있다고 해서 모든 일이 쉽게 진행된다는 뜻은 아니다. 여전히 하나님이 좀 더 분명하게 말씀해 주셨으면 한다. 그러면 더 확신할 수 있으니까. 나는 르완다에서 아이 둘을 입양한 친구에게 100% 확신이 있어서 그렇게 했느냐고 물었다. 친구가 ‘물론’이라고 대답해주길 기대했다. 하지만 친구는 껄껄 웃으며 말했다. “당연히 아니지. 그냥 어느 순간 의심을 넘어 행동하게 되는 거야.”

“당연히 아니지. 그냥 어느 순간 의심을 넘어 행동하게 되는 거야.”

무조건적인 순종

나는 르완다에 직접 가보기로 했다. 우리 교회가 현지 선교단체와 결연을 맺기로 돼 있었다. 그 단체는 섭외를 담당할 사람들을 필요로 했다. 나는 곧바로 자원했다. 그런데 출발하기 직전 남편이 말했다. "여보, 내가 당신 대신 가면 안 될까. 가야 할 일이 생겼어."

실망했지만 남편을 믿는 마음으로 내 꿈을 그에게 넘겼다.

2010년 1월, 아이티에서 대지진이 일어난 그 주, 남편 잭은 내가 사역지로 점찍은 르완다로 떠났다. 하나님은 전 세계에 고아의 얼굴들을 보이셨다. 남편이 르완다에 머무는 동안 나는 아이티에서 가족을 모두 잃고 근심에 가득 찬 아이들의 얼굴을 지켜보며 잠들었다. 당시엔 전 세계가 아이들을 입양하기 원하는 것 같았다. 물론 나도 준비가 되어 있었다.

르완다의 한 고아원을 다녀온 남편이 전화를 걸어왔다. 인터넷 전화라서 중간 중간 끊기긴 했지만 남편은 말했다.

"여보, 우리 입양했어."

이번엔 나도 말했다. "

잘했어요."

::16

내가 통제할 수 없도록 하시는 하나님

르완다에 있는 남편에게서 걸려온 잡음 가득한 전화에 잘했다고 대답한 지 1년 6개월이 지났다. 그동안 서류작업도 완료됐다. 그 즈음 남편은 나를 작가들의 콘퍼런스에 가보라고 했고, 거기서 내 책을 내고 싶어 하는 에이전시 회사를 만났다. 몇 개월 후 나는 수년 간 하나님께서 내게 보여주신 비전이 담긴 성경공부 교재를 쓰기로 출판사와 계약했다. 출판사에선 단행본도 쓰자고 했다. 나는 내 첫 번째 책에 무엇이 담길지 알고 있었다. 하나님을 따라가는 내 삶이었다.

이런 일들이 그냥 우연히 일어난 건 아니었다. 하나님께선 내가 생각할 수도 없는 방향으로 내 삶의 이야기를 펼쳐가고 계셨다. 이 글을 쓰고 있는 이 순간에도 하나님께서 어떻게 그렇게 하셨는지, 혹은 내가 어떻게 하나님에 대해 쓰는 이런 특권을 가지게 됐는지 알 길이 없다. 다만 이 모든 일을 통해 하나님께서 승리하신 사실이 기쁠 뿐이다.

하나님께선 내가 생각할 수도 없는 방향으로 내 삶의 이야기를 펼쳐가고 계셨다.

나에겐 글을 쓰는 일이 가장 두려운 일이다. 친구 로라는 그동안 믿음이 뿌리를 내렸고 상황은 완전히 바뀌었다. 로라가 위기에 처한 나를 상담해주고 용기를 줬다. 내가 점심을 주문하는 동안 로라는 아이가 누워 있는 작은 바구니를 내려다보고 있었다. 아기는 평화롭게 잠들어 있었다. 짙은 살결은 발그레하게 빛났고 까만 곱슬머리는 옷에 달린 리본을 감싸고 있었다. 로라 역시 발그레하게 빛났다. 식사기도를 하며 우리가 몇 년 전 나눴던 대화가 생각났다. 그때 로라는 거짓 하나님이 주는 규칙과 두려움과 불안에 휩싸인 채 고층건물 끝에 매달린 것처럼 혼란스러워 했었다.

로라는 이제 하나님을 만나고 인생의 목적과 충만함을 찾았다. 친구가 아프리카에서 입양한 아기 천사도 우리 눈앞에 있었다. 좋은 음식과 넘치는 사랑이 아기 천사의 작은 몸과 영혼에 다시 생명을 가져오고 있었다. 아기가 작은 갈색 눈을 뜰 때면 만족함과 충만감에 가득 차 있다는 걸 알 수 있었다. 모든 게 변했다. 친구와 아기의 삶은 완전히 달라졌다. 이제 그 둘의 삶은 지극히 선하셔서 도저히 떠날 수 없는 하나님을 갈망하고 있었다.

로라와 아기 둘 다 삶이 극적으로 변했다. 둘 다 죽음에서 삶으로 넘어 왔으며 집을 찾았다. 나는 훌륭한 음식과 좋은 친구, 그분이 독창적으로 계획하신 구원의 방식에 대한 감사를 마쳤다. 내가 '아멘'이라고 말할 때 묵직한 무게감이 느껴진다. 몇 개월 동안 그랬다. 이제 곧 아이가 우리 집에 올 예정이었다.

친구 로라처럼 우린 르완다에서 아이를 데려올 계획이었다. 하지만 르완다 정부에선 소식이 없었다. 로라의 예쁜 딸을 볼 때마다 내 속은 타들어 갔다. 1년 반의 기다림 끝에 우리가 데려오려던 아기의 상태가 좋지 않다는 징후가 감지됐다. 아이는 우리가 알 수 없는 이유 때문에 다리에 보조장치를 했다. 퇴행성 질환 때문이 아닐까 걱정이 됐다. 하지만 아이를 데려올 수 없었다. 우린 그저 무기력한 부모였다.

르완다 고아원에 있는 아이를 생각할 때마다, 목욕하고 따뜻한 타월로 감싸줄 사람도 없고 자기 전 충분히 먹었는지 봐줄 사람도 없는 그곳을 생각할 때마다 미칠 것만 같았다. 하나님을 신뢰했지만 나는 분주히 혼자만의 해결책을 찾아 헤맸다. 입국 날짜를 지정해주는 르완다 정부는 느긋하기만 했다.

하나님은 우리 삶에 대한 의지를 분명히 갖고 계셨지만, 나에겐 모든 게 통제 불능인 것처럼 느껴졌다.

점점 무감각해졌고 대처법은 생각나지 않았으며 아이의 상태는 악화되고 있어서 아이가 걸을 수나 있을지를 비롯한 수많은 불확실성이 나를 짓눌렀다. 남편과 장로님들은 교회의 미래를 놓고 씨름하고 있었다. 곧 우리 가정의 미래이기도 했다. 글쓰기와 선교도 내 삶에서 상당 부분을 차지했다.

하나님은 우리 삶에 대한 의지를 분명히 갖고 계셨지만, 나에겐 모든 게 통제 불능인 것처럼 느껴졌다.

미루다

아이를 기르다 보면 어느 순간 통제 불능 상태에 굴복하게 된다. 첫 아이 때는 이런 문제와 싸우며 계획한 시간에 먹이고 외출준비도 완벽하게 한다. 하지만 둘이 되고 셋이 돼 아장아장 걷기 시작하는 아이가 생기게 되면 사정은 급변한다. 어느 순간 끊임없이 화만 내고 있거나, 손을 놓고 우리 삶이 통제 불능인 것을 인정하게 되는 것이다.

일단 그 사실을 받아들이면 육아는 과제에서 경험으로 바뀐다. 더러워진 바닥과 아이가 떼쓰는 것, 배변훈련 등을 그냥 즐기게 된다. 물론 아이를 훈육하는 건 계속하지만 아이를 닦달해 완벽하게 말을 잘 듣도록 하기보단 그냥 맘대로 놀도록 놔두게 되는 것이다. '말 잘 듣는 아이'란 말이 얼마나 모순적인지 곧 깨닫게 된다. 공공장소에서 사람들이 말썽 피우는 우리 아이를 못마땅하게 쳐다볼 때 아이를 테이블 밑에서 몰래 꼬집기보단 "한창 배우고 있어서요."라고 말할 줄 알게 된다.

우리 부부가 '무엇이라도'에 대해 기도한 다음부터 일어난 일도 그와 같았다. 나는 불안했고 삶을 통제권 안에 두려고 노력했다. 내 통제를 벗어난 일들이 가져올 결과가 너무나 무서웠다. 모든 일들이 어떻게 나타날지 걱정됐다. 그러다 어느 순간 내려놓았다. 마음이 바뀌었고 굴복했다.

내 통제를 벗어난 일들이 가져올 결과가 너무나 무서웠다.

여전히 힘들긴 하지만 간단한 일이다. 하나님이 통제하고 계시다는 걸 믿는 것이다. 그분은 실재하시고 우리를 보고 계셨다. 우린 결국 그분과 함께할 천국으로 향하고 있었다. 이곳에 그리 오래 머무르지 않을 게 아닌가. 그분을 뵙는 날까지 이곳에서 하는 모든 일은 그분께 달린 일이었다.

입양

로라의 아기가 점심식사 내내 잠들어서 우린 깊은 대화를 나눴다. 좋은 친구들이 그렇듯 로라도 날카로운 질문으로 나를 귀찮게 했다. 마치 목에 덩어리라도 걸린 것처럼 지난 몇 개월 동안 매일같이 내가 부정하려고 애쓰던 그 감정들을 밀쳐냈다.

그런 감정이 올라오도록 그냥 놔뒀다면 우리의 점심시간은 금방 끝났을 것이다. 그래서 나를 죄어오는 화제를 조심스럽게 다른 쪽으로 돌렸다.

그때 전화가 울렸다. 남편 잭이었다. 친구와 대화중이었기 때문에 남편이 음성메시지를 남기도록 뒀다. 하지만 1분 후 남편이 다시 전화를 하자 친구가 말을 끊고 전화를 받으라고 재근했다.

"여보, 무슨 일이에요?"

"르완다 정부에서 답이 왔어요. 이제 아이는 우리가 데려오는 거예요. 빨리 갑시다."

나와 로라는 간신히 눈물을 참았다. 실감이 나지 않았다. 1년 반이 흐른 지금 정말 우리 아이가 된 걸까? 그렇다면 해야 할 일이 너무 많았다. 지난 몇 개월 동안 일과 집필과 성경공부 녹화 등으로 정신없는 가운데 곧 우리 집으로 올 아기를 위해 방도 준비해야 했다.

점심을 먹고 출판사에 전화를 걸어 나머지 할 일을 상의했다. 남은 일이 너무나 많았다. 내가 감정 없이 전화를 끊으려 할 때 편집자가 물었다. "무슨 일 있으세요?" 할 말이 없었다. 머릿속이 빙빙 돌았다.

우리가 보이지 않는 하나님을 신뢰하기로 작정하면 믿음은 시험에 빠진다. 곧 펼쳐질 나의 삶은 내가 기도해 오던 삶과는 많이 다를 게 분명했다. 그냥 아들이 하나 더 생기는 문제가 아니라 우리 삶의 많은 부분이 완전히 바뀌는 거였다. 우리 하나님과 영원한 삶에 매달리는 현실에 대한 생각이 쏟아졌다. 분명 전과는 다를 것이었다.

우리가 보이지 않는 하나님을 신뢰하기로 한 믿음은 시험에 빠진다.

선교를 확장하라는 부르심으로 나아가며 나는 숨거나 모든 사람의 만족을 구하지 않을 것이다. 게다가 우린 저 멀리 아프리카에서 네 살짜리 사내아이를 입양하기로 선택했다. 완벽한 가정을 꾸리는 데 안전하고 예상 가능한 방법과 가장 거리가 먼 선택이었다.

쉽지 않은 길이었지만 정말로 단순하게 느껴졌다. 일단 하나님이 우리 삶에 계시면 그분의 목소리는 크고 분명해서 그분을 따라가는 것이 복잡하지 않다. 그분은 끊임없이 존재를 드러내시기 때문이다.

하지만 갈등은 찾아왔다. 우리가 르완다에서 아이를 데려올 때쯤 하나님은 일이 많은 선교회로 나를 부르셨다. 이미 내 삶은 혼돈으로 가득했는데 말이다. 하나님은 다른 것들도 휘젓기 시작하셨다. 남편의 일, 교회, 우리의 미래까지. 이런 일들을 막아줄 사고가 생기길 기다렸다. 기차 탈선사고가 나지 않을까. 아니면 이 모든 일을 통해 하나님께서 합력하여 선을 이루게 하실까.

우린 오랫동안 편안하고 쉬운 삶을 추구해 오다 이제야 하나님께 온전히 굴복하기로 했다. 하지만 모두가 그 선택을 이해한 건 아니었다. 우리가 그랬듯 그들도 갈등이 찾아오고 있음을 보았다.

교회 친구 킴이 만나자고 청했다. 함께 커피를 마시며 그녀가 할 말이 있다는 게 느껴졌다. 킴은 말을 시작했다. 그녀는 우리 가족을 사랑했고 지각이 있고 현명한 사람이었다.

"제니, 걱정이 되네요. 이게 현명한 선택일까요? 갈등을 원한 건 아니잖아요. 이 모든 일을 잘 헤쳐 나갈 수 있을지 걱정돼요. 남편과 함께 입양이나 새로운 선교를 시작하는 게 얼마나 삶을 바꿀 것인지 충분히 생각해 봐야 하지 않을까요?”

나는 말없이 들으며 고개를 끄덕였다. 그녀의 말은 구구절절 옳았고 나 역시 두려웠다. 의심과 주저함이 아직도 내 안에 있었다. 나도 누구보다 평안을 원했다.

그렇게 걱정하는 사람은 킴뿐만이 아니었다. 우리가 신뢰하고 사랑하는 정말 많은 사람들이 같은 우려를 했다. 그들도 모두 하나님을 사랑하는 사람들이었다. 그래서 그들의 말을 경청하고 심각히 고민해 봐야 했다. 특히 양쪽 가족들이 걱정과 두려움을 많이 비쳤다. 가족들의 의견은 우리에게도 중요했다. 가족들의 지지가 필요한 일이기 때문이었다.

우린 경청했다. 우리 부부는 계속해서 염려를 두고 기도했다. 하지만 그럼에도 딱 하나 부정할 수 없는 사실이 있었다. 하나님이 너무도 분명하게 말씀하신다는 것이었다. 전에는 들어보지 못한 방식으로 분명하게 말씀하셨다. 주변의 가까운 사람들을 통해, 우리가 가는 모든 장소를 통해 보여주고 인도하셨다. 하나님은 이 모든 혼란 속에 계셨고 아름다운 방식으로 일을 시작하셨다.

그래서 우린 기도하며 모든 것을 다시 한 번 하나님의 발 앞에 내려놓기로 했다. 하나님은 그분이 이미 준비하신 모든 일들을 우리에게 상기시키시며 말할 수 없는 평안함을 주실 것이다. 가까운 사람들이 염려하고, 어려운 일들이 작아지기는커녕 계속 커진다

해도 분명히 평안이 찾아올 것이다.

그 과정에서 내가 남긴 글이다.

2010년 4월 15일

우리는 타당하고 애정 어린 질문을 지금 받고 있다.

"제니, 어떻게 이 모든 일을 다 할 건가요? 입양, 목사 사모, 글쓰기, 강연, 아이들 양육, 좋은 친구 되기…."

나는 알 수 없다. 이 글을 쓰면서 찢어버린다. 하나님은 내가 이렇게 이야기한 것을 다 알고 계시기 때문이다. "하나님의 뜻을 펼치소서. 다른 것은 상관없습니다. 하나님께서 우리 부부에게 원하시는 일이라면 다른 것은 어떻게 돼도 상관없습니다."

하나님은 입양과 집필과 강연을 계속하라는 놀라운 확신을 주셨다. 하나님은 우리의 세 아이도 잘 키우기를 원하신다.

하지만 나는 그저 나일 뿐이다.

나는 위대하거나 능력 있는 사람이 아니다. 하루가 다 끝나가도 나는 그저 나일 뿐. 그래서 내 지인들이 걱정하는 것처럼 우리 가족과 하나님께서 인도하시는 모든 것들이 나도 염려가 된다. 하지만 내 소원은 이것이다.

히 13:20,21 "양들의 큰 목자이신 우리 주 예수를 영원한 언약의 피로 죽은 자 가운데서 이끌어 내신 평강의 하나님이 모든 선한 일에 너희를 온전하게 하사 자기 뜻을 행하게 하시고 그 앞에 즐거운 것을 예수 그리스도로 말미암아 우리 가운데서 이루시기를 원하노라 영광이 그에게 세세무궁토록 있을지어다 아멘".[5]

우리는 하나님께서 우리가 그분께 순종할 뿐 아니라 그 결과로 무엇이 오든 그분을 신뢰하기 원하신다는 것을 알고 있다.

커피가 미지근해졌다. 킴은 자신의 염려에 대한 내 대답을 듣고 있었다. 내가 할 수 있는 말은 한 가지였다.

"어떻게 하나님께 순종하지 않을 수 있겠어요? 우린 그분께 순종해야 하잖아요. 그분은 하나님이시니까요. 하나님이 우릴 돌봐 주실 거예요. 우리 아이들과 우리 부부를요. 쉽지 않을 거란 건 잘 알아요. 하지만 우리가 어디로 가야 할지 하나님께서 인도해 주실 것을 믿어요."

우리가 하나님께 철저히 순종하려고 할 때 우리 주변엔 찬성과 반대 의견이 항상 있다. 그리고 현실적인 의견을 내놓는 사람들도 있다. 그럴 때 우리가 얻는 것보다 잃어야 하는 게 너무 많다면 하지 말아야 한다는 합리화를 하기 쉽다.

그리고 현실적인 의견을 내놓는 사람들도 있다. 그럴 때 우리가 얻는 것보다 잃어야 하는 게 너무 많다면 하지 말아야 한다는 합리화를 하기 쉽다.

그에 대해 하나님께선 다음과 같이 말씀하신다.

고전 1:18,20 "십자가의 도가 멸망하는 자들에게는 미련한 것이요 구원을 받는 우리에게는 하나님의 능력이라… 지혜 있는 자가 어디 있느냐 선비가 어디 있느냐 이 세대에 변론가가 어디 있느냐 하나님께서 이 세상의 지혜를 미련하게 하신 것이 아니냐".

예수님을 아는 우리에겐 또 다른 현실이 있다. 보이지 않는 것을 위해 살고 다른 현실을 바탕으로 결정을 내린다. 다른 현실은 십자가요 천국이다. 우리를 보고 계신 하나님은 성령을 주셔서 우리가 이 땅에 살 동안 일을 하도록 도우신다. 그것은 찬성의견이 압도적으로 많은 예쁘고 쉬운 삶을 사는 일이 아니다.

예수님을 아는 우리에겐 또 다른 현실이 있다. 보이지 않는 것을 위해 살고 다른 현실을 바탕으로 결정을 내린다. 다른 현실은 십자가요 천국이다.

우리는 하나님을 위해 산다.

요 17:18 "아버지께서 나를 세상에 보내신 것 같이 나도 그들을 세상에 보내었고".

우린 이 목표를 위해 산다. 이 땅에선 우리가 하나님의 대변인이기에 순종한다. 우리는 하나님의 손 안에 있다는 중요한 의미를 지닌다. 그것이 보이지 않는 것들을 위해 살게 한다.

르완다의 한 운동장 계단에 앉아 우리 아이들이 잔디밭에서 축구공을 가지고 노는 것을 보고 있었다. 아이들 뒤로는 몇 년 전 대량학살이 일어난 곳이 펼쳐져 있었다. 그곳이 이제는 즐거움과 아름다움으로 가득 찬 곳이 됐다. 하나님이 다스리는 곳임을 그렇게 선포하고 있는 것처럼 보였다.

큰아들이 새 동생에게 르완다 축구공을 패스했다. 쿠퍼의 진한 피부색은 빛나는 아이의 미소를 돋보이게 했다. 스포츠와 웃음, 야외활동과 형제애가 아이들의 공통 언어였다. 아이가 우리 가족이 된 지 겨우 24시간 지났고, 앞으로 어떤 도전이 펼쳐지든 내 삶에서 가장 아름다운 이야기가 될 것임을 확신할 수 있었다.

하나님께서 말씀하시는 것을 느끼며 눈물을 흘렸다.

"제니, 너무 두려운 나머지 이곳에 오지 못했다면 어땠겠니? 네가 놓칠 뻔했던 것들을 보렴."

::17

영적 전쟁터에서 용감하게 싸우기

의심이란 늘 존재한다. 우린 하나님을 의심한다. 그분의 목소리가 점점 더 또렷해져도 여전히 눈에 보이지 않기 때문에 사람들은 믿음에 대해, 또 그런 하나님을 따라 불편함을 감수하려는 것에 대해 의문을 제기한다. 우린 위험부담과 비용, 각종 권리와 편리함에 대한 포기, 주변 사람들의 반대, 무엇보다 공식적으로 악의 세력과 싸우기로 마음먹은 사실 앞에서 의심한다.

그렇다. 재미있는 사실이다.

사탄은 실존하며, 자신이 공들여 만든 편안함에 길들여진 사람들이 영적 의식불명 상태에서 깨어나는 것을 무엇보다 싫어한다. 남편과 나는 바로 그런 상태에서 깨어난 사람들이었고 하나님을 좇아 마음을 모으고 달려가고 있었다. 그게 사탄의 주의를 끌었음은 자명한 사실이다.

우린 이미 사탄의 공격을 경험한 터였다. 특히 교회를 세우던 초기 그런 공격을 받았다. 우리 부부는 아무리 말이 안 되는 싸움일지라도 금방 끝내고 웃으며 휴전을 선언하게 될 줄 알았다. 하지만 또 다른 차원의 싸움이 기다리고 있었다. 사탄은 공격의 수위를 한층 높였다.

사탄은 실존하며, 자신이 공들여 만든 편안함에 길들여진 사람들이 영적 의식불명 상태에서 깨어나는 것을 무엇보다 싫어한다.

그 다음 몇 달 동안 새로운 변화들 외에도 다음과 같은 많은 것들을 겪었다.

- 결혼 이후 최악의 부부싸움
- 친구들의 등 돌림
- 자녀 한 명의 이상행동
- 전엔 전혀 문제가 안됐던 유혹들
- 교회 안의 갈등
- 그 외 말할 수 없는 문제들

우리 부부가 싸우지 않은 날 남편은 나를 바라보고 안아주며 말했다. "우리가 하나님과 함께 있는 것 맞지?" 내가 그렇다고 하자 남편은 이렇게 물었다. "그러면 이런 새로운 문제들을 안고 어떻게 그분께 순종할 수 있을까?"

그에 대한 답은 분명했다. 솔직히 우리 부부 사이가 좋았을 땐 이런 문제들이 별 것 아니었다. 남편은 언제나 나를 든든히 지지해줬다. 우리의 삶에서 버거운 일들이 있을 때마다 나를 지지해주는 남편을 의지했다. 지금까지 우린 하나였다. 그런데 그 연대감을 잃고 나니 모든 게 문제로 보였다.

우리 성경공부 장면을 녹화하느라 내 인생에서 가장 힘든 한 주를 보냈다. 작업은 여태 경험한 것 중 가장 두렵고 고도의 집중을 요하는 일이었다.

어느 날 밤, 사탄의 공격이 수 주 동안 너무나 맹렬히 몰아치는 것처럼 느껴져서 나는 욕실 문을 잠갔다. 울지 않기 위해서가 아니라 욕하지 않기 위해서였다. 미칠 것 같았다. 나는 마치 사탄이 거기 있는 것처럼 공중을 향해 주먹을 날렸다. 그리고 제발 이 시험을 물리쳐 날라고 하나님께 기도했다.

"지금 보고 계시잖아요? 저흰 걷어차이고 있다고요! 제발 이 문제에 개입하셔서 지원군을 보내주세요. 저흰 죽어가고 있어요!"

우린 모든 면에서 공격을 받고 무너져 내리고 있었다. 공격이 약해지기만을 기다리는 수밖에 없었다. 나는 모든 지각을 잃었고 그저 숨을 쉬고 싶었다. 그냥 그러고 있었다.

삶이 힘들다는 사실은 새삼스러운 일이 아니다. 특히 우리가 예수님을 사랑할 때 이 땅은 전쟁터가 된다. 그럼에도 나에겐 그 사실이 언제나 놀랍다.

용감함에 대한 환상

예수님은 돌아가시기 직전 우리를 하나님께 맡기는 기도를 하셨다. 하나님은 구원하고 사랑하고 전도하고 보호하고 치료하는 그분의 과업을 위해 우리를 이 땅에 보내셨다. 하지만 사탄의 공격 또한 있을 예정이었다. 예수님은 말씀하셨다.

요 17:15 "내가 비옵는 것은 그들을 세상에서 데려가시기를 위함이 아니요 다만 악에 빠지지 않게 보전하시기를 위함이니이다".

우리가 하나님에 대해 진실할 때마다 늘 공격이 도사리고 있다.

때문에 예수님은 우리가 고난에 처하지 않도록 기도하신 게 아니라 우리를 집어 삼키려는 사탄으로부터 지켜주시기를 기도하신 것이다.

내가 원하는 삶이 되지 않는다고 얼마나 자주 예수님을 버리고 입술을 비죽거렸던가. 얼마나 많이 공평하지 않다고 불평했던가.

우리가 하나님에 대해 진실할 때마다 늘 공격이 도사리고 있다.

성경을 읽으며 우리가 영적 전쟁 상태에 있다는 사실은 알았지만 내 삶에 충분히 적용하긴 어려웠다. 삶엔 고난이 있기 마련임을 받아들이는 것이 기쁨의 시작이다.

천국이 가까워 오고 있으며 아직 우린 그곳에 다다르지 못했음을 아는 데 진정한 자유가 있다. 예수님께 순종하며 사는 사람들을 파괴하려는 무자비한 적과 영적 전쟁 상태에 있음을 깨닫고 사는 게 우리의 소명이다.

영화 '바람과 함께 사라지다'와 비슷하다. 전쟁이 나기 전 여주인공은 스칼렛 오하라는 인기스타였다. 화려한 침실에서 은 식기에 담긴 음식을 먹었다. 하지만 전쟁 후 고향 타라의 집으로 돌아갔을 때 그녀는 직접 땅을 파고 옥수수를 일구며 주변 사람들에게 "불평은 집어치워!"라고 소리쳤다. 전쟁 때문에 그녀의 현실은 완전히 달라졌고 뒤바뀐 삶을 살아야 했다. 그녀는 불평 많던 소녀에서 강인한 여성으로 바뀌어 갔다.

예수님께 순종하며 사는 사람들을 파괴하려는 무자비한 적과 영적 전쟁 상태에 있음을 깨닫고 사는 게 우리의 소명이다.

사실 사람들은 대부분 그저 편안하고 쉬운 삶 이상의 무언가를 추구한다. 이 책을 읽는 독자 여러분도 동의하시리라 생각한다. 우린 '브레이브 하트'나 '밴드 오브 브라더스' 같은 영화를 보며 목숨을 걸고 싸우며 지키는 가치나 삶에 대해 감동을 받는다. 이런 영화를 보면서 학부모 모임에 가거나 등반대회에 가는 수준 이상의 큰 가치에 참여하고 싶어 한다.

우린 더 위대한 이야기를 위해 살고 있다. 하나님의 영광을 드러내며 악의 세력과 싸우기 위해 사는 것이다. 물론 이런 얘기가 얼마나 이상하게 들리는지는 나도 안다. 나에게도 아직 이상하게 들리니까.

우리는 한 발은 땅에, 한 발은 천국에 두고 살고 있다. 이 땅에 살고는 있지만 세상에 사로잡힌 게 아니라 다른 가치를 위해 사는 것이다. 하나님의 영광을 위해 악과 싸우고, 우리를 보호하시고 이끌어 주십사 기도한다.

이 땅에 살고는 있지만 세상에 사로잡힌 게 아니라 다른 가치를 위해 사는 것이다.

에베소서 6장에 이런 사실이 분명히 나와 있다.

엡 6:11 "마귀의 간계를 능히 대적하기 위하여 하나님의 전신 갑주를 입으라".

엡 6:12 "우리의 씨름은 혈과 육을 상대하는 것이 아니요 통치자들과 권세들과 이 어둠의 세상 주관자들과 하늘에 있는 악의 영들을 상대함이라".

정말이다.

어릴 적에는 사탄에 대해 너무 노골적으로 얘기하는 건 진정한 신자가 아니라고 생각하기도 했다. 하지만 사탄의 공격은 사실이며 너무나 중요한 문제다. 어둠의 세력이 우리를 공격해 올 때 적어도 고개를 당당히 들 수 있어야 한다. 그러면 우리 삶의 방식이 바뀌고 싸움의 방식이 바뀐다. 또한 하나님이 필요함을 간절히 깨닫게 된다. 욕실에서 공중에 주먹을 날릴 때 내가 그랬다. 나는 나의 하나님이 간절히 필요했다. 바로 나의 하나님이….

우리는 혈과 육을 상대하는 게 아니다. 우리를 전멸시키려고 어둠의 힘으로 화살을 삼아 겨냥하고 있는 세력과 싸우고 있는 것이다. 우리끼리는 서로 싸워야 할 사람들이 아님을 깨달아야 서로에 대한 용서가 더 쉬울 것이다. 교회와 가정에서 하나님과 나를 사랑하는 친구들이나 남편과 함께 있을 때라도 내가 외롭거나 불안한 틈을 사탄은 교묘하게 비집고 들어온다. 그때는 즉시 물리쳐야 한다.

정말 영화 '밴드 오브 브라더스'에 나오는 것과 같은 전쟁이다. 상황은 악화일로에 있었지만 주인공들은 전우애를 통해 견딜 수 있었다. 주변 사람들이 적이 아니라 아군임을 깨달을 때 용서는 쉬워진다.

전쟁은 우리 부부 사이를 회복하게도 했다. 덕분에 우린 깨어있고 좀 더 감사하게 됐다. 하나님이 고난을 허락하신 것은 그저 싸움에서 이기는 것 이상의 더 큰 목적이 있었다. 우린 서로에게 상처를 덜 주게 됐고 좀 더 겸손해졌다. 그리고 하나님을 더 필요로 했다.

솔직히 우린 고난을 통해 성장하고, 우리 대부분은 성장이 필요한 사람들이다.

약 1:2,3 "내 형제들아 너희가 여러 가지 시험을 당하거든 온전히 기쁘게 여기라 이는 너희 믿음의 시련이 인내를 만들어 내는 줄 너희가 앎이라".

솔직히 우린 고난을 통해 성장하고, 우리 대부분은 성장이 필요한 사람들이다. 나는 인생에서 고난이 없길 바라지 않게 됐다. 당연히 고난으로 인해 얻는 좋은 것들을 놓치고 싶지 않기 때문이다.

남편과 나도 고난을 통해 성장했다. 남편은 다시 나의 가장 좋은 친구가 됐고 그럼에도 사탄의 공격은 계속되고 있다. 우린 앞으로도 실망과 외로움, 비판과 고통을 맞게 될 것이다.

그 고난 가운데 하나님께선 나에게 다음과 같이 말씀하셨다.

나와 함께 너를 보호해라.

진리를 네 앞에 잘 붙들어 매 어둠이 찾아왔을 때 그것을 기억해라. 내가 어둠보다 크고 위대하다는 것을 기억해라. 내가 승리한다는 사실을 기억해라. 내가 오늘도, 그리고 영원히 너와 함께할 것을 기억해라. 네가 보지 못할지라도 나는 언제나 네 곁에 있다. 말씀과 진리를 앞에 두어라. 나와 나의 의로움으로 너를 보호해라. 그런 다음 뛰어라. 나의 이름을 전하고 나의 사랑을 나누고 내 이야기를 들려주고 내 영광을 드러내는 전투에 네 두 발이 부지런히 움직이도록 해라. 가라. 뛰어라. 싸워라. 자책하며 앉아 있지 마라. 뛰어가서 싸워라.

믿음으로 방패를 삼아라. 내가 살아 있음을 믿는다면, 네 뒤에 온 우주의 하나님이 계심을 믿는다면 전혀 두려워할 필요가 없다. 네가 나를 잊지 않는다면 피곤하더라도 왜 이 싸움을 해야 하는지 잊지 않게 될 것이다. 너는 용감히 싸우게 될 것이다. 목숨 바쳐 싸울 이유가 있는 전사처럼 싸울 것이다. 네가 나를 본다면 싸움을 멈추지 않을 것이다. 나는 너와 함께 있다. 나는 네 안에 있다. 용감히 싸워라.

내가 너를 위해 있고 너와 함께 있느니라.

:: 18

세상과 반대쪽에 있는 치유 그리고 자유

새 아들 쿠퍼를 만나기까지 고통스러운 기다림을 하며 나는 아들의 고향인 르완다에 대해 책을 통해 공부했다. 그 중 하나는 '내일 우린 가족들과 함께 죽음을 당할 거란 사실을 알리고 싶다'[6]는 제목의 책이었다. 어느 날 밤 책을 읽다가 지구상에서 일어난 가장 끔찍한 일 중 하나가 묘사된 대목을 읽고 자리에서 벌떡 일어나 앉았다.

책엔 이웃을 죽이는 한 남자의 이야기가 소개됐다. 몇 주 전만 해도 함께 술을 마시던 이웃을 죽이고 그의 아내와 자녀들까지 모두 죽였다. 르완다 사람들은 여자와 아이들이 숨어있는 교회를 불태우고 그들의 비명소리를 들었다. 100일 동안 거의 백만 명에 가까운 사람들이 죽었다.

영화도 몇 편 봤다. 아들의 일부로 남아 있을 르완다의 역사와 문화유산을 가능한 많이 전해주고 싶었다.

마침내 우린 그곳으로 갔다.

우리 부부가 르완다에 도착해 아들 쿠퍼를 만나기 전 친구 네 명이 우릴 맞았다. 우리가 후원하는 아동 선교단체의 간사이자 운전사, 입양을 도와준 변호사, 대변인이었다.

강인하고 멋지고 피부색이 검은 네 사람이 그들의 아름답고 복잡한 나라로 안내했다. 악수를 하려고 손을 내밀자 그들은 대신 나를 안아주며 쾌활하게 웃었다. 기쁨과 열정에 넘치는 그들의 환영에 안도의 눈물이 흘렀다. 고통으로 가득한 삶 가운데 이렇게 기쁨으로 빛나는 얼굴이 참 특별하게 다가왔다.

하지만 르완다에서 그들은 특별한 사람들이 아니었다. 그곳에서 내가 만난 사람들은 대부분 충분한 사랑을 받고 기쁨이 흘러넘쳤다. 내가 대학에 가서 여학생 사교클럽을 다니는 동안, 이들의 가족은 학살당하거나 학살을 저질렀고 대부분 가난하게 살고 있었다. 그런데도 기쁨과 평안과 열정이 넘치고 있었다.

내가 아들을 더 좋은 곳으로 데려가려는 게 맞나 싶을 정도였다.

르완다의 네 친구가 갖고 있는 그것, 그 나라가 붙들고 있는 것을 우리 모두 원한다.

기쁨, 열정, 사랑, 평안.

우리 모두가 그렇다.

그것을 찾기 위해 책도 읽고 결혼도 하고 아이도 갖고 친구가 그것을 주지 않을까 기대하기도 하고 쇼핑몰에서 많은 돈을 허비하며 이메일도 체크한다. 그런데도 그것이 우리를 피해 도망 다니는 것처럼 느껴진다. 기쁨, 열정, 사랑, 평안 대신 두려움, 불안, 무감정, 피로가 그 자리를 채우는 것 같다.

정녕 바꾸기는 불가능한 일일까?

마 16:25 "누구든지 제 목숨을 구원하고자 하면 잃을 것이요 누구든지 나를 위하여 제 목숨을 잃으면 찾으리라".

요 12:25 "자기의 생명을 사랑하는 자는 잃어버릴 것이요 이 세상에서 자기의 생명을 미워하는 자는 영생하도록 보전하리라".

자유는 이 같은 말씀에 숨겨져 있다. 예수님은 속삭이신다.

요 14:6 "내가 곧 길이요 진리요 생명이니".

자유와 치유는 생명을 좇는 반대 방향에 숨어 있다고 예수님은 말씀하신다. 살기 위해 죽어야 하고 찾기 위해 내려놓아야 하며 채우기 위해 비워야 하는 것이다.

삶을 내려놓고 순종하는 단 하나의 행동이 내 안의 모든 것을 바꿔 놓으리라고는 예상하지 못했다. 모든 것을 초월했다는 뜻이 아니다. 남편에게 물어보면 내가 아직도 세속적인 여자라는 사실을 금방 확인할 수 있을 것이다. 하지만 변화가 생겼다.

자유와 치유는 생명을 좇는 반대 방향에 숨어 있다고 예수님은 말씀하신다.

얼마나 많은 것이 변했는지 깨달은 순간을 기억한다. 욕실에서 예수님을 만난 다음 날이었다. 하나님은 자신에게 온전히 순종하는 영혼을 얼마나 많이 바꾸어 놓으실 수 있는지 보여주시려는 듯했다. 그날 교인 한 명에게서 욕설에 가까운 이메일을 받았다. 정말로 큰 상처였다. 평소 같았으면 침대로 기어들어가 펑펑 울었을 것이었다. 사람들을 실망시켰을 때 두 어깨에 묵직하게 전해지던 수치스러움과 불안함의 무게를 견디려 심호흡하는 대신 나는 하나님의 목소리를 들었다. "그녀를 용서하고 잊으렴."

지난 세월, 나도 뭘 어떻게 해야 하는지 알고는 있었지만 내 마음을 다스리기가 불가능해 보였다. 선한 마음을 가지고 하나님의 음성을 들을 수 있었지만 두려움과 불안함과 자존심을 나도 어찌할 수가 없었다.

사람이 어떻게 마음을 완벽히 다스릴 수 있겠는가.

예수님은 십자가에서 돌아가시기 전 이렇게 기도했다.

요 17:4,13 "아버지께서 내게 하라고 주신 일을 내가 이루어 아버지를 이 세상에서 영화롭게 하였사오니… 지금 내가 아버지께로 가오니 내가 세상에서 이 말을 하옵는 것은 그들로 내 기쁨을 그들 안에 충만히 가지게 하려 함이니이다".

기쁨은 나 자신을 온전히 하나님께 드렸을 때 따라온다.

미봉책을 버리고, 말씀을 받아들이고, 모든 것을 양보하고, 이 땅의 삶과 우리에게 중요한 것들을 모두 내려놓았을 때 비로소 자유함이 찾아온다.

기쁨은 나 자신을 온전히 하나님께 드렸을 때 따라온다.

이전에 염려하던 모든 것이 더 이상 중요하지 않게 보인다.

이전에 두려워하던 모든 것이 더 이상 두렵지 않게 된다.

이전에 원하던 모든 것이 시시하게 보인다.

이전에 하나님에 대해 의심하던 모든 것이 바보처럼 보인다.

대신 하나님은 새로운 현실을 보여주신다. 그것은 천국에서 하나님을 대면하는 그 순간 절정이 될 새로운 이야기, 내가 듣고 순종한다면 중요한 것들을 허락해주실 현실, 그분이 주인공이고 내가 그분을 따라가는 이야기, 그 역할을 맡기만 하면 전에 없는 평안을 누릴 이야기다.

그것을 기억한다면 뭔가가 일어날 수 있다. 그것은 내가 중요하다고 느끼는 것보다 훨씬 위대한 것이고 목표와 위치보다 엄청난 것이며 건강한 아이들과 행복한 삶보다 더 중요한 것이다. 하나님께선 나를 사로잡으시고 충만케 하셔서 나와 다른 사람들을 움직이고 위대한 섭리를 기억하도록 하신다. 우리는 영원하고 중요한 가치를 위해 참여해야 하는 것이다.

그 이야기 한가운데 '무엇이라도' 이라는 기도가 놓여 있다. 그 이야기의 장소와 배역을 정한 작가가 대서사시를 펼쳐 나간다. 정작 배우들은 그것이 얼마나 중요한 일인이 모를 수도 있다.

수백만 가지 독특한 방식으로 우린 하나님의 증거가 된다. 기저귀를 갈고 저녁을 먹고 이메일을 보내고 세금을 내는 일상 속에서 하나님은 각인된다. 먹고 자고 샤워하고 청소하고 결혼생활을 이어나간다. 그분이 만드신 우리 인간은 부족하고 평범하기 때문이다. 그 평범함을 누리면 된다. 주일 오후 스포츠 경기를 보고, 친구와 커피 한 잔을 나누고, 이웃을 불러 저녁을 먹고, 개를 산책시키고, 매일 직장에 가는 일은 우릴 더 겸손하고 간절하게 만든다. 그 일들은 불완전하고 갈등이나 문제를 일으키기 때문이다. 이게 모두 그 이야기 속에 포함돼 있다.

때문에 우리는 일상을 살아내야 한다. 그 속에서 경건함을 찾을 수 있다. 이것이 생활에서의 영성이다. 하나님께 쓰임 받는 대단한 사람이라 할지라도 그 일상을 피해갈 순 없다. 하나님의 백성은 지루한 일상을 이웃에게 복음을 전하는 사역지로, 아이 키우는 일을 다음 세대가 하나님의 목소리를 듣도록 준비시키는 일로, 법적인 절차를 상처받은 이들을 사랑하는 일로, 식사대접 하는 일을 사랑과 섬김의 장으로 만들어 사람들이 하나님을 보도록 바꾼다.

예수님은 우리가 하나님께 영광 돌리는 것과 그분의 이야기에 참여하는 것은 하나님이 우리에게 주신 일을 통해 완성된다고 말씀하신다.

예수님은 우리가 하나님께 영광 돌리는 것과 그분의 이야기에 참여하는 것은 하나님이 우리에게 주신 일을 통해 완성된다고 말씀하신다. 예수님은 그분이 해야 할 과업을 완수하심으로써 아버지께 영광을 돌렸다.

우린 그분의 이야기에서 우리의 역할을 해야 한다. 우린 그 일을 위해 창조됐다는 게 무엇보다 아름다운 일이다.

❖

난 기계적인 답을 싫어한다. 예수님이 모든 문제의 답이란 생각은 나에게 기계적인 답처럼 느껴졌다. 그런 생각을 크게 말해 본 적은 없었다. 실제로 내 안의 깨진 부분을 치료하실 만큼 그분은 위대하시다는 사실을 믿고 있었지만 마음속 깊이 다르게 느껴지는 그 진실을 어떻게 받아들여야 할지 몰랐다.

"제니, 우리 대부분은 중간지대가 있다고 생각하며 사는 것 같아. 우리가 일상을 사는 곳과 하나님을 섬기는 곳의 중간지대 말야."

어느 날 제시카가 우리 집에서 이렇게 솔직하게 고백했다. 우린 그날 밤 늦게까지 순종에 대해, 우리가 항복하고 모든 걸 내려놓는 일이 왜 그렇게 어려우며 진정한 순종의 삶을 사는 사람들이 왜 그렇게 적은지에 대해 얘기를 나누고 있었다. 이제 막 대학을 졸업한 제시카는 때때로 우리 집에서 함께 살던 친구여서 마치 가족처럼 느껴졌다. 그녀는 세상의 약자들의 이야기를 카메라에 담는 인권 사진가였다.

제시카는 우리 가족을 사랑했고 우리도 그녀를 사랑했다. 또 우리의 순종으로 야기된 혼란을 극복하는 데 도움을 주곤 했다.

그녀의 고백을 들으며 대부분의 사람들처럼 동의하고 싶었다. 나도 때때로 그런 생각을 했으니까. 내가 처음으로 케이티의 블로그에서 자신이 얼마나 중간지대를 지키며 살려고 노력했는지에

하나님이 살아 계시다면
중간지대란 있을 수 없다.

대해 써놓은 글을 읽었던 순간이 생각났다.

"하지만 나는 예수님을 사랑했다."

예수님이 모든 것을 바꿔 놓으셨다. 우리의 일상과 생각을 흩어 놓으셨다.

C.S. 루이스는 이렇게 말했다. "기독교는 거짓은 전혀 중요하지 않고 진실은 가장 중요하다고 말하는 선언이다. 기독교 신앙에서 단 한 가지 불가능한 것은 적당히 중요한 것이다." [7]

하나님이 살아 계시다면 중간지대란 있을 수 없다.

변화되기

성경 전체를 통해 보면 하나님을 신뢰하는 문제는 어려운 것으로 다가온다. 반쯤 미쳐야 가능한 것처럼 보인다. 모세는 지팡이로 홍해를 내리쳐 갈랐다. 여호수아는 사람들에게 여리고성 주변을 일곱 번 돌고 소리친 후 나팔을 불라고 했다. 다윗은 돌을 들어 거인을 죽였다. 예수님의 제자들은 무엇이든 시작하기 전 성령이 오시기를 기다렸다.

이 모든 것은 사람에게 그저 종교성이나 생각이 아닌 기막힌 믿음의 분량을 요구한다. 이들은 모두 하나님을 신뢰하고 있었다. 그들은 하나님의 성품을 잘 알고 의지했으며 자신을 인도해 주실 것을 알았다. 하지만 주변 사람들은 모두 그들이 미쳤다고 생각했다.

하나님은 항상 현실적이지 않으신 것처럼 느껴지기 때문에 그분을 따르는 데는 믿음이 필요하다. 이 땅의 모든 것이 등을 돌려도 그분은 선하시며, 우리를 지키시고 이 땅에서 우리를 향한 계획을 갖고 계시다는 전적인 믿음이 필요하다. 우리 역시 말도 안 되는 일들을 하기 위해 우리를 이끌어 줄 성령 충만한 사람을 신뢰한다.

미국의 TV쇼인 '도전! FAT 제로'와 비슷하다. 이 쇼에서 참가자들은 7개월 안에 누가 더 살을 많이 빼느냐를 놓고 교외 목장에서 운동과 식이요법을 하며 경쟁한다. 그 기간 동안 그들에게 일어나는 변화는 아주 급진적이다. 참가자들은 그곳에 도착하자마자 모든 선택을 트레이너에 맡긴다는 계약서를 쓰는 것 같다.

"여기 있는 동안 당신이 시키는 일이면 무엇이든 할게요."

그들이 트레이너를 완전히 신뢰하고 순종하면 모든 것은 변화되기 시작한다. 물론 매우 어렵다.

예수님을 따르는 일도 제자들에게는 무척 힘든 일이었다. 인간의 한계를 뛰어넘어야 했고 말도 안 되는 것처럼 보이는 일들을 한다며 손가락질 당해야 했다. 제자들 몇 명은 너무 힘들고 희생이 컸기에 예수님을 떠났다. 예수님은 제자들을 바라보시며 이렇게 물으셨다. 요 6:67 "너희도 가려느냐?"

❖

베카와 나는 초밥을 먹으며 하나님을 따르는 삶이 우리 둘 모두에게 얼마나 많은 희생을 요구하는지에 대해 얘길 나눴다. 베카와 남편 브랜든은 이웃, 친구들과 함께 결혼에 대한 모임을 이끌고 있었다. 그들이 몇 년 동안 열정과 사랑으로 섬겨서 많은 이들이 함께하게 되었다.

나는 모임이 어떻게 되고 있는지를 물었다. 베카는 곧 예의 열정적인 태도로 말하기 시작했다. "가장 힘든 점은 제가 점점 더 이기적이고 게을러진다는 거고요…. 가장 힘든 점은 이 세상과 반짝이는 모든 것들이고요…. 가장 힘든 점은 일시적인 것들에 끌린다는 거고요…. 가장 힘든 점은 사탄의 계략을 이겨내는 거고요…. 가장 힘든 점은 바로 죄예요."

나는 웃으며 동의했다.

제자들이 힘들어하자 예수님은 물으셨다. "너희도 가려느냐?" 제자들은 모두 고개를 저으며 대답했다. "주여, 우리가 누구에게로 가오리이까?"

예수님이 아닌 다른 누구에게로 간단 말인가.

우린 하나님을 위해 창조됐다. 그분으로 채워지고 그분을 위해 매일 살고 하나님을 만날 그날을 기대한다. 아담과 하와가 하나님에게서 돌아서서 자존심을 바라봤을 때 그들은 길을 잃었고 피곤해졌고, 오직 하나님만이 가져다주실 수 있는 만족함을 찾아 끊임없이 헤매야만 했다. 우리도 그 전철을 밟고 있다. 찾고 바라고 기다리고…. 하지만 그저 그러기만 할 뿐 우리를 기다리시는 예수님께 달려가지 못한다. 보라. 그분은 우리를 돌아오게 하시려고 정교하지만 간단한 계획을 짜놓고 계셨다.

바로 십자가의 죽음이다.

그래서 예수님이 나에게 말씀하실 때 들을 수밖에 없다.

"그래, 제니야, 이제 죽음으로써 이 땅의 삶과 더 중요한 사람이 되고자 하는것과 편안하고 행복해지려는 네 의지와 필요를 끝내라."

우리가 계산을 하며 저녁식사 자리를 끝낼 즈음 베카가 나에게 가까이 와 말했다.

"30년 가까이 크리스천이었지만, 하나님이 나를 얼마나 사랑하시는지를 알기 시작한 건 겨우 2~3년 밖에 안돼요. 예수님의 제자로 살아가는 훈련만 잘 받았을 뿐이죠. 그런데 하나님께서 저에게 원하신 건 그저 순종하는 게 전부였어요. 숙제들은 놔두고 그저 따라가는 것이요. 세상이, 심지어 교회마저도 크리스천이라면 이러이러하게 해야 하고 어떻게 보여야 하는지 목록을 보여주는 마당에 하나님의 요구는 얼마나 쉽고도 도전적인 일인가요. 그걸 깨닫고 나니 완전히 다른 삶이 펼쳐지고 있어요."

무언가 급진적이며 희생이 따르는 일을 한다는 게 얼마나 두려운지 잘 안다. 나도 전엔 중도의 삶을 살게 되리라 생각했다. 그러나 나는 옷장 너머 세상에 좀 더 사로잡힌 것 같다. 그 모든 것을 다 경험하고 난 뒤라 더 이상 중도의 삶을 원하지 않게 됐다. 이제는 우리가 중도의 삶을 살기 위해 지음 받은 존재가 아니라는 걸 알고 있으니까.

하나님을 위해서만 모든 것을 다 버리는 희생이 가치 있는 것이다. 순종의 가장 큰 선물은 여기에 있다. 하나님을 만나게 되면 우리를 변화시키고 행복하게 만들 거라 믿었던 모든 것을 내려놓고, 책 속의 한 구절이나 핑계나 기계적인 대답 대신 사람을 찾게 된다. 내 속에 파묻혀 씨름하는 일로부터 해방되면 비로소 사람을 볼 수 있다.

"내가 이것을 너희에게 이름은 내 기쁨이 너희 안에 있어 너희 기쁨을 충만하게 하려 함이라"

당신이 하나님께 사로잡히기 전부터 그분은 거기 계셨다. 이제 당신이 그분을 보게 된 것이다.

예수님은 말씀하셨다. 요 15:11 "내가 이것을 너희에게 이름은 내 기쁨이 너희 안에 있어 너희 기쁨을 충만하게 하려 함이라".

이 구절이 아름다운 이유는 예수님이 그분의 아버지에게 이런 기도를 하셨다는 것이다. 우린 하나님과 예수님의 관계를 보고 서로에 대한 사랑을 확인할 수 있다. 아들은 아버지를 기쁘시게 하려고 존재했고, 아버지는 아들에게 지혜와 방향, 목적, 사랑, 관계, 희망을 채워주셨다. 하나님과 예수님의 관계엔 전염성이 있다. 하나님이 말씀하신 모든 것을 이뤘다는 예수님의 순전한 기쁨, 하나님을 위해 존재한다는 즐거움과 사랑, 순종이 그것이다.

요일 4:19 "우리가 사랑함은 그가 먼저 우리를 사랑하셨음이라".

우리가 사랑하거나 기뻐하거나 평화롭거나 열정적이지 않을 때는 우리가 그분의 사랑과 기쁨, 평안, 열정을 깨닫지 못하기 때문이다. 우리의 삶과 영혼이 무너질 때 우리가 먹어야 할 것은 마법의 약이 아닌 그분의 사랑이다.

우리가 말하고 듣고 사랑하고 존경해야 할 분인 것이다. 시간을 함께 보내고 함께 꿈을 꾸고 따라가고 알아가고 상처받고 요구해야 할 대상. 그 누구보다 무엇보다 앞서 선택해야 할 분. 내 인생을 정의하고 나에게 다가와 나를 변화시키는 분. 이런 하나님을 받아들일 때 내 속에는 사랑과 기쁨이 넘치게 된다.

우린 모두 자유롭고 즐겁고 평안하길 원하지만 하나님께 모든 것을 넘겨드리는 것만은 주저한다. 하지만 바로 거기에 하나님께서 우리에게 약속하신 것으로 향하는 길이 있다.

올-인

고등학생 때 친구들과 해변에 놀러간 적이 있다. 난 늘 번지점프를 하고 싶었다. 어려서 뭘 몰랐을 때 얘기다. 우린 서명을 하고 돈을 냈다. 내가 안내 책자를 읽는 동안 친구들은 별 것 아니며 멋진 경험이 될 거라고 웃고 떠들어댔다. 어차피 손해 볼 것도 별로 없었다.

그러다 번지점프 대에 홀로 서면 얘기가 달라진다. 친구들도, 웃음도, 땅 위에서의 안정감도 사라지고 산꼭대기조차 아래에 있는 것 같은 느낌을 받을 때 사태의 심각성을 깨닫는다. 정말 뛰어내려야 하는 것이다. 법적으론 억지로 뛰어내리게 할 수 없다. 하지만 내가 뱉은 말들이 있으니 뛰어내려야 했다. 안전띠와 그걸 채워줬던 18살 친구만 믿고 뛰어내렸다.

우리의 믿음도 같다. 어느 때가 되면 우리의 믿음과 말은 삶과 행동으로 옮겨져야 한다. 하나님을 순종하는 것보다 그분에 대해 말하는 시간이 더 많은가? 천국에 갔을 때 하나님께서 이렇게 말씀하시진 않을 것이다. "친구들에게 나에 대해 그렇게 얘길 많이 해줘서 고맙구나. 정말 멋져!"

많은 사람이 성경공부와 수련회와 교회에서 어떻게 변하길 원하며 하나님을 위해 어떻게 살기 원하는지 말하지만 집으로 돌아가면 옛날과 다를 바 없는 일상으로 돌아간다.

변화해야 한다. 변화하기 위해선 변화가 필요하다는 것을 깨달아야 한다. 더 이상 말만 해서는 안 된다. 때가 되었기 때문이다. 뛰어내려야 할 때가 된 것이다. 뛰어내린다는 것은 분명 두려운 일이다. 그러나 여기에 하나님을 위해 모든 것을 거는 모험의 백미가 숨어 있다. 그것은 번지점프 안전띠를 채워주고 안내 책자를 함께 읽던 친구들의

변화하기 위해선 변화가 필요하다는 것을 깨달아야 한다.

존재가 아니다. 골고다 동산에서 모든 것을 걸고 가슴 뛰는 포부와 뚜렷한 목표로 온전히 혼자서 죽음을 두려워하지 않고 삶을 체험한 그분이 우릴 돕고 계신 것이다.

그 짜릿한 도우심을 경험하려면 눈에 보이지 않는 하나님께 모든 것을 거는 모험이 필요하다. 우리의 하나님은 질투하는 분이다. 우리가 점프대에 올라가 그분만을 신뢰하면 하나님은 우리를 붙잡아 주신다.

땅 위에서 사는 일은 쉽다. 하지만 계속해서 땅 위에서의 관점으로 보면 아무것도 일어나지 않는다. 우리를 사랑하시고 영생으로 부르시는 하나님의 관점에서 보아야 한다. 우리가 나름대로 주의하는 것들이 영적인 세상에서는 그저 우리를 어리석게 만들 뿐이다.

하나님이 뛰어내리셨기에 우리도 뛰어내린다. 예수님은 우리를 위해, 우리의 기쁨과 사명과 미래를 위해 열심히 기도하셨다. 그리고 24시간 후 우리를 위해 십자가에서 피 흘리셨다. 거기에는 하나님을 위한 기쁨이 있었다. 예수님이 사람들을 자신에게로 돌아오게 하는 데 모든 것을 던지셨기 때문이다. 예수님의 죽음은 오히려 삶이었다. 따라서 이렇게 말할 수 있다. '삶으로 가는 길, 자유로 향하는 길은 죽음이다.'

롬 6:6 "우리가 알거니와 우리의 옛 사람이 예수와 함께 십자가에 못 박힌 것은 죄의 몸이 죽어 다시는 우리가 죄에게 종 노릇 하지 아니하려 함이니".

예수님을 따르는 데 있어 어려운 점은 주님이 일을 반대로 하신다는 것이다. 자유와 삶은 그분의 죽음 이후에 찾아왔다. 십자가의 예수님을 따르는 우리도 뛰어내려야 한다. 모든 것에 있어 그분을 신뢰하며 '무엇이라도 하겠나이다!' 라는 기도와 함께 우리의 매일을 그분께 넘겨야 한다. 우리 역시 죽음 가운데 삶과 자유를 찾을 수 있다.

점프대 위에 하나님과 함께 서서 영원이 바뀌는 가슴 벅찬 모험을 하는 그런 삶을 나는 원한다.

::19

더 큰 꿈 물려주기

장남 코너가 아홉 살 땐 자동차를 정말 좋아했다. 포르쉐며 람보르기니의 모든 차종 이름을 댔고, 아이가 한 대에 3억 원이 넘어가는 차를 갖고 싶다고 할 때마다 내 가슴은 철렁했다. 물론 나에게도 비싼 물건이 있었지만 어찌 슈퍼카에 비할까.

나는 아들에게 그보다 더 중요한 것을 알려주고 싶었다. 우리는 물질적인 것에 만족할 수 없게 되어 있고 구원은 우리의 목표를 받는 것이 아닌 주는 쪽으로 바꾸어 놓는다. 그런 삶을 살 때까지 우리 마음 한구석은 가렵다.

세상에 여태까지 쌓아놓은 모든 것을 나눠줄 만큼 바보는 없을 것이다. 하지만 문제는 우리가 모으려고 노력하든 안 하든 그것들이 모두 없어진다는 것이다. 그러므로 하나님께 맡겨 무언가를 이루시기를 바라는 게 현명한 것이다. 분명히 말하지만 그분은 그렇게 하실 것이다.

우리가 모든 것을 내려놓으면 하나님은 그것을 가지고 일을 하신다. 제단 위에 올려놓고 태워 버리는 것도, 의미 없는 제물을 바치는 것도 기뻐하시지 않는다. 호세아 6장 6절에서 하나님은 이렇게 말씀하신다. "나는 인애를 원하고 제사를 원하지 아니하며 번제보다 하나님을 아는 것을 원하노라".

하나님의 마음을 가까이 느끼며 걷는다는 것은 얼마나 큰 특권인지 모른다.

세상엔 우리의 손길이 필요한 사람들이 많고 하나님은 그들을 돌보신다. 그분은 정말로 지구를 훽 훑어보신 후 손가락으로 가리키며 말씀하신다.

"바로 저기, 그걸 저 사람들에게 주어라!" 우리가 그곳으로 가서 사람들에게 나누어줄 때 하나님을 느낄 수 있다. 그분의 마음이 느껴지고 힘이 불끈 솟아오른다. 하나님의 마음을 가까이 느끼며 걷는다는 것은 얼마나 큰 특권인지 모른다. 성경에도 나와 있듯 가난한 사람과 과부, 고아들을 돌보는 것은 피할 수 없는 소명이다.

마 25:40 "내가 진실로 너희에게 이르노니 너희가 여기 내 형제 중에 지극히 작은 자 하나에게 한 것이 곧 내게 한 것이니라".

잠 14:31 "가난한 사람을 학대하는 자는 그를 지으신 이를 멸시하는 자요 궁핍한 사람을 불쌍히 여기는 자는 주를 공경하는 자니라".

우리는 하나님의 손발이요 그분의 뜻을 실행에 옮기는 팔다리다. 우린 그분의 사랑과 보살핌을 나누어 주도록 지음 받았다. 예수님이 요한복음 15장에서 어떻게 하나님과 사람이 함께 일하시는가를 보여주신 대목을 보면 잘 알 수 있다.

우리는 하나님의 손발이요 그분의 뜻을 실행에 옮기는 팔다리다. 우린 그분의 사랑과 보살핌을 나누어 주도록 지음 받았다.

요 15:4~11 참조 "내 안에 거하라. 너희는 열매를 맺을 포도나무 가지라. 너희가 열매를 맺으면 내 아버지께서 영광을 받으실 것이요. 그 영광이 온 세상에 드러나리라."

나도 전엔 달라는 요청이 들어올 땐 불편했다. 하지만 변했다. 이젠 영원하지 않는 것에 더 이상 미련을 갖지 않는다. 내 삶의 일부, 내 재능과 재산을 하나님께서 말씀하신 사람이라면 누구와도 나누고 싶다. 나중에 천국에 가서 무감각하거나 이기적이거나 두려워서 놓친 것들을 보고 싶지 않다.

나는 예수님께 내 삶을 드렸다. 그분을 신뢰하기 때문이다. 자유와 희망은 그분 안에서만 찾을 수 있다. 내가 그렇게 했을 때 하나님은 분명한 계획을 갖고 내 삶으로 의미 있는 무언가를 만들어 나가신다. 그저 의미 없는 희생이 아닌 것이다.

예수님은 평범하고 무감각한 삶을 통해 도움이 필요한 수많은 사람들을 채우신다. 우리의 여유가 상처받은 사람과 치유와 음식과 물과 하나님이 필요한 이들에게 쓰이는 것이다. 갑자기 당신이 중요하다고 생각했던 많은 것들이 더 이상 중요하지 않게 된다.

남는 침실

현재 교회 안에선 많은 사람들의 영혼을 움직이는 운동이 일어나고 있다. 아메리칸 드림보다 더 중요한 목적을 위해 우리가 지음 받았다는 깨달음 덕분이다. 그것이 우리의 영혼을 움직이는 이유는 다른 사람의 행복을 추구하고 특히 극빈층을 위해서 우리가 희생해야 할 부분이 포함되어 있기 때문이다. 그것은 비용이 드는 일이다. 경제적으론 그렇다. 하지만 그보다 더 큰 문제는 우리의 행복과 안녕이 위협받는다는 사실이다.

이 운동의 모토는 '실제로 행동하자!' 이다.

편안함에서 뛰어내리기 직전 점프대 꼭대기에서 불안에 떨며 서 있을 때 우린 하나님을 좀 더 찾게 된다. 그 때, 그분의 마음과 영혼을 좀 더 알 수 있게 된다.

신학대학에 다닐 때 교수님이 위기의 순간 하나님을 찾는 것에 대해 얘기했던 것이 이제야 이해가 간다. 하나님은 종종 점프대 꼭대기에 나타나신다. 그렇다 하더라도 무언가 좋은 일, 훌륭한 일을 하는 것 자체가 복음이 될 순 없다. 오히려 모든 것이 지루하고 기쁨과 평안이 없더라도 하나님을 신뢰한다면 그 삶은 아름다운 의미를 지니게 된다.

좋은 일, 훌륭한 일을 하는 것 자체가 복음이 될 순 없다. 오히려 모든 것이 지루하고 기쁨과 평안이 없더라도 하나님을 신뢰한다면 그 삶은 아름다운 의미를 지니게 된다.

아들 코너가 비싼 차를 갖고 싶다고 말했을 때 나는 그 애가 좀 더 커서 좋은 꿈을 꾸기 바랐다. 언젠가 녹이 슬어 버릴 차보다 만 원짜리 축구공은 언감생심 꿈도 못 꾸는 가난한 아이들을 대변해 주는 것이나 하나님을 모르는 사람을 위해 일하는 의미 있는 삶을 희망하길 바랐다.

3억 원짜리 차 대신 그런 꿈을 꾸었으면 한다. 율법주의도 아니고 의무도 아니다. 그런 꿈은 즐거움 그 자체니까.

나의 풍요로움이 달란트라면 나는 달란트를 나누는 사람이다. 나는 다른 사람이 풍요로움을 누리는 통로가 된다. 필요한 만큼 가졌고 즐거움과 추억과 좋은 경험들도 충분히 했다. 손과 발이 있고 인터넷을 쓸 수 있고 비행기 표를 살 수 있고 다른 자원들과 복음이 있고 돈도 있다. 그래서 하나님은 사람들을 구하고 치유하고 사랑하는 데 나를 마음껏 쓰실 수 있다.

카이 뭉크 목사님은 다음과 같이 얘기한다.

> 오늘 우리의 과업이 무엇인가? "믿음, 소망, 사랑"이라고 대답해야 할까? 아름답게 들린다. 하지만 나는 용기라고 말하겠다. 아니, 그것으로도 진실이 되기엔 부족함이 있다. 오늘 우리의 과업은 무모함이다. 우리 크리스천들에게 부족한 것은 정신이나 문학이 아니다. 거룩한 분노, 하나님과 사람을 아는 데서 오는 무모함이 우리에겐 없다. 세상의 정의가 노숙자를 속일 때 분노하는 능력, 세상의 옳지 않은 것들에 대한 거룩한 분노가

> 우리에겐 없다. 하나님이 창조한 이 땅과 사람들을 파괴하고 황폐화하는 세력에 대한 분노, 부자들의 식탁이 음식들로 넘쳐날 때 어린 아이들이 굶어죽어 가는 데 대한 분노, 수많은 목숨을 무감각하게 학살하는 이들에 대한 분노가, 안주함에 대한 저항이 없다. 하나님의 나라가 이를 때까지 인간의 역사를 바꾸고 도전하려는 무모함을 찾는 노력이 우리에겐 부족한 것이다.[8)]

우린 하나님이 고통과 가난을 물리쳐 주시길 원한다. 하지만 그 대신 하나님은 우리가 그 일을 하도록 필요한 자원을 주셨다. 우리의 삶을 그분께 드리면, 그분은 그것을 나누신다. 모든 것을 다 아시는 사랑 많은 하나님에 의해 나눔을 '당하는' 것보다 더 재밌고 충만한 일은 없다. 그분은 축복이 너무 넘치는 우리의 삶이 어디에 쓰여야 할지 정확히 알고 계신다.

우린 하나님이 고통과 가난을 물리쳐 주시길 원한다. 하지만 그 대신 하나님은 우리가 그 일을 하도록 필요한 자원을 주셨다. 우리의 삶을 그분께 드리면, 그분은 그것을 나누신다.

감사하게도 우린 친구들이 차례로 '무엇이라도' 하겠다고 기도하는 모습을 지켜봐 왔다. 하나님은 그들이 완벽하게 메울 수 있는 이 땅의 작은 균열을 보여주심으로써 삶의 목적을 차고도 넘치게 하셨다.

어떤 친구들은 르완다에 미용 학교를 세웠다. 그곳의 여성들을 돕는 훌륭한 일에 쓰인 것이다. 여권을 신장하는 가장 좋은 방법은 경제적으로 가족을 돌볼 수 있도록 돕는 것이다. 그 친구들은 '아프리카 뉴 라이프 미용 학교'를 개교하려고 한다. 앞으로 여성들이 훈련받으며 가족들에게 미래를 보여주게 될 것이다. 친구들에겐 그 일이 특별히 더 어렵지 않았다. 자신들이 이미 갖고 있는 자원들이 넘쳐 났기 때문이다.

우리의 삶을 나누는 데는 백만 가지 이상의 다양한 방법이 있다. 하나님은 기다리고 계신다.

우린 가난한 사람들을 무시할 수 없는 세대에 살고 있다. 그 어느 세대보다 TV나 인터넷을 통해 그들에 대해 잘 알고 있다. 우리가 여분의 침실과 차를 두 대나 갖고 있으면서 살찔까 봐 걱정을 하는 사이 가난한 사람들은 거리에서 외롭게 죽어가고 있다. 그들을 위해 무언가 할 수 있는 위치에 있다는 건 얼마나 큰 특권인가.

당신이 어디 있건 영적으로 육체적으로 도움이 필요한 사람들이 있다. 하나님은 당신의 여유를 어디로 가져가 쓰시기 원하실까. 내 생일 전날 하나님은 나를 깨우셔서 보여주셨다. 영적으로 굶주린 사람들이 너무 많기 때문이다. 신학대학 수업과 교회와 멘토들과 성경공부를 통해 하나님은 이들에게 나눠줄 영적 음식을 나에게 많이 주셨다.

이 글을 읽는 독자들도 마찬가지일 것이다. 수없이 성경공부를 하고 평생 교회를 다녔다면 나눠줄 것이 많을 것이다. 하지만 하나님은 그저 영적으로 이들에게 공급하는 데서 그치기 원하지 않으신다. 하나님은 우리의 풍요로움을 이들과 나눠 육체적인 필요도 채워주길 원하신다. 예수 그리스도는 사람들의 육체적, 영적 필요를 몸을 희생해 깊이 돌보셨다. 우리도, 우리 세대도 똑같이 해야 한다.

그분이 먼저 우릴 사랑하셨기에 우린 사랑한다.
그분이 먼저 죽으셨기에 우린 죽는다.
그분이 모든 걸 주셨기에 우리도 나눈다.

차를 좋아하는 아들 코너는 지금 열한 살이 됐다. 내가 르완다에서 기쁨과 열정에 넘치는 네 명의 친구를 만났을 때도 내 옆에 있었다. 아들은 그곳에서 따뜻한 한 끼를 얻기 위해 몰려온 제 또래 아이들에게 먼저 눈을 감고 손을 들어 예수님께 온 마음으로 감사하도록 했다.

그분이 먼저 우릴 사랑하셨기에 우린 사랑한다.
그분이 먼저 죽으셨기에 우린 죽는다.
그분이 모든 걸 주셨기에 우리도 나눈다.

그 애는 음울한 고아원에서 수백 명의 다른 아이들과 함께 있는 새 동생을 처음 만나는 순간에도 나와 함께 있었다. 그 꼬마는 처음 만나는 엄마와 형과 절대로 함께 차를 타려 하지 않았다.

집으로 돌아온 뒤 나는 코너와 함께 산책에 나섰다. 처음에 그 애는 입양에 대해 마뜩잖게 생각하고 있었다. 어떻게든 입양이 이루어지고야 만다는 것을 알아차렸을 때 아이는 눈물을 터뜨리며 말했다.

"엄마, 저도 고아들을 돕고 싶어요. 그렇지만 이렇게 같이 살아야 한다는 건 저에게 너무 힘든 일이라고요."

이제 막 십대로 접어든 아들이 아장아장 걷는 아이와 함께 방을 써야 하는 것은 쉽지 않아 보였다. 자신의 삶에 대한 통제권도, 집안의 외동아들이란 특별한 위치도 잃게 될 터였다.

하지만 우리가 아프리카에서 돌아온 날 아들의 생각을 물어봤다. 아들은 머리를 흔들면서 말했다.

"엄마, 제가 얼마나 축복받은 사람인지 몰랐어요. 제가 얼마나 많은 걸 갖고 있는지 알게 됐어요. 하나님께서 제 것을 사용하셨으면 좋겠어요. 축복을 받은 사람으로서 의무가 있어요. 이 모든 걸 받지 못한 사람들을 위해 쓰는 게 맞는 것 같아요."

아이는 더 큰 꿈을 꾸고 있다. 더 나은 꿈을.

이 책에서 저자는 오늘날 미국 교회에 큰 희망을 준다. 청년들이 교회를 떠나는 이 시점에서 저자 부부의 선교는 진실한 믿음이 무엇인지 보여준다. 개인적으로는 저자가 예수님을 전심으로 따랐던 프란시스 챈, 데이비드 플랫 같은 사람들과 같은 행보를 보여준다고 생각한다. 예수님은 자신을 따르는 삶이 쉽지 않다고 말씀하셨다. 이 책에서 저자는 자신의 고군분투부터 예수님만이 주실 수 있는 평안함까지 모든 여정을 정직하게 나누고 있다. 저자는 성경에 뿌리를 둔 정직한 사람이며 재능 있는 이야기꾼이다.

스티브 카 | Flannel 이사

::20

성령의 바람

달라진 모든 것

눈을 감았다. 고통스러울 정도로 시끄러운 소음이었다. 남편이 아이들을 잡으러 뛰어다니면 아이들 넷은 있는 힘을 다해 소리를 지르며 도망 다녔다. 잡히면 곧바로 무자비한 간지럼 태우기가 기다리고 있기 때문이다. 그걸 잘 알고 있는 아이들은 있는 힘껏 소리를 지르며 전력 질주했다. 지금까진 첫째 쿠퍼가 가장 빨랐다. 쿠퍼의 다리는 이미 곧게 쭉 뻗었고 치아 교정기도 뺐다.

나는 책 집필을 마무리 짓기 위해 집을 나서려던 참이었다. 하지만 잠시 이 새로운 생활, 단순한 기도가 가져온 변화의 혼돈을 느껴보려고 눈을 감았다.

2년 안에 모든 것이 달라졌다. 가무잡잡한 피부의 바지런하고 열정적인 소년이 가져온 빛으로 우리 가족은 모두 성장했다. 우리가 그 애를 위해 삶을 내려놓자 그 애는 그 삶에 생명과 기쁨을 불어넣었다. 그 애는 만나는 모든 사람의 마음을 사로잡는 아이였다. 우리 가족에게 기쁨과 열정을 듬뿍 쏟아놓았다. 이제 우리 가족 안에서 그 애가 존재하는 것이 내가 경험한 그 어떤 것보다 더 분명하게 복음을 외치고 있었다.

나에겐 일이 있었다. 예수님에 대해 매일 같이 어휘를 쏟아내야 하는 꽤 힘든 작업이었다. 나는 매일 그 애에게 영어와 포크 쓰는 법을 가르치는 일과, 눈에 안 보이지만 중요한 일들에 대해 책을 쓰는 일 사이에서 고군분투했다. 양쪽을 공평하게 잘할 수는 없었다. 하지만 이 땅에서 짧은 삶 동안 하나님께서 내게 맡기신 일을 하고 있다는 평안이 몰려 왔다.

나는 그분이 나를 위해 쓰신 이야기 속에 살고 있었다. 내 눈은 나를 부르신 하나님, 오직 그분 한 분을 향해 고정되어 있었다. 수많은 날 동안 내 무능함, 두려움과 싸웠지만 그 경험은 충만하고 평안했다. 2년 전만 해도 이런 느낌은 상상도 할 수 없었다.

우리 교회도 변했다. 잭이 자신의 미래와 그가 모든 걸 쏟아 부으며 수년 동안 꿈꿨던 교회에 대해 기도하자, 하나님은 남편과 교회 장로들에게 도시 전체에 영향을 미칠 수 있는 복음 중심의 교회를 생각하게 하셨다.

6년 전 하나님은 남편에게 선교사가 차고 넘치는 교회를 세우리라는 비전을 주셨다. 우린 그 비전을 가장 잘 실현하려면 인근 다른 교회들과 연합해야 한다는 것을 깨닫게 됐다. 우리 교회는 건강하고 강했고 교인들은 성장하고 있었다. 그리고 서로 연합하고 복음을 위해서 마음대로 좌지우지하려는 마음을 버리라는 하나님의 부르심을 느끼고 있었다. 남편은 교회의 지도권을 내려놓았다. 영원한 것을 위한 작은 희생이었다. 남편은 하나님이 살아 계시고 그분을 따라 미지의 세계로 가는 일이 가치 있는 일임을 믿었다.

우리의 우선순위 또한 바뀌었다. 우리는 더 값싼 집으로 이사하기 위해 기도했고 케이블TV를 해지하는 등 소비를 줄이기 위해 애썼다. 남편이 우리 아이들을 꾸준히 아프리카로 데려가기 원했고, 나 역시 우리 삶이 좀 더 편안해지는 것보다 아동 한 명을 더 후원하고 싶었다.

> 성령의 바람이 우리의 삶을 바꿔놓았다. 우린 유람선에서 내려 맹렬히 달리는 해군 전함에 탔다.
>
> …
>
> 성령이 우리 가운데 임하셔서 우린 그저 최선을 다해 계속 항해했을 뿐이다. 지금까지 평생 살아온 것보다 지난 2년 동안 하나님을 더 많이 목격했다.

내 일상과 남편의 일상, 가족의 일상, 그리고 크리스마스 카드도 완전히 변했다. 모두가 기도 덕분이었다. 엄청난 변화가 있었지만 우리가 느끼는 것은 정신없는 혼란스러움이 아니었다.

성령의 바람이 우리의 삶을 바꿔놓았다. 우린 유람선에서 내려 맹렬히 달리는 해군 전함에 탔다. 임무수행 중이었고 동기부여도 충분히 된 상태였다. 충만하고 열정적이고 즐거웠다. 그 임무에 대해 다시 생각하거나 분석하지 않고 온 힘을 다해 항해했다.

성령이 우리 가운데 임하셔서 우린 그저 최선을 다해 계속 항해했을 뿐이다. 지금까지 평생 살아온 것보다 지난 2년 동안 하나님을 더 많이 목격했다.

원래는 우리 모두가 순교자가 되어 예수님을 위해 고통당하고 죽어야 한다고 생각했다. 하지만 내가 틀렸다. 하나님은 우리에게 기쁨과 열정을 힘껏 불어넣어 주셨고, 그분은 살아 계시며 우리가 그분의 인도함대로 가고 있다는 평안으로 우리를 이끄셨다. 하나님은 굉장한 희생이 아닌, 우리의 마음을 원하실 뿐이다. 결코 극단적인 희생이 아닌, 단순한 순종이 필요한 것이다. 그저 우리가 신뢰하는 전능하신 하나님을 따라갔더니, 재미있고 충만한 세계가 열렸다.

원래는 우리 모두가 순교자가 되어 예수님을 위해 고통당하고 죽어야 한다고 생각했다. 하지만 내가 틀렸다.

……

하나님은 굉장한 희생이 아닌, 우리의 마음을 원하실 뿐이다. 결코 극단적인 희생이 아닌, 단순한 순종이 필요한 것이다.

이게 삶이다.

행 1:8 "오직 성령이 너희에게 임하시면 너희가 권능을 받고 예루살렘과 온 유대와 사마리아와 땅 끝까지 이르러 내 증인이 되리라 하시니라".

예수님께서 이렇게 말씀하신 바로 그 상태다.

우린 성령님과 함께 이 땅에서 하나님의 영광을 위해 세상을 바꿀 것이다. 우리를 도우시는 성령님은 요 14:26 "너희에게 모든 것을 가르치고 내가 너희에게 말한 모든 것을 생각나게" 할 것이다.

정말 완전히 다른 것이다. 거꾸로 가는 듯했지만 우리의 임무는 완수됐고, 그것을 하도록 지음 받은 것이었다.

예수님은 그 이야기의 완성이다. 그분을 통해 우린 하나님을 보고 그분의 죽음과 부활을 바라보고 믿음으로 그분과 함께 영원한 세계로 구별됐다. 하지만 그분이 이 땅에서 우리에게 원하시는 것을 할 수 있는 건 바로 성령님을 통해서다.

남편은 오늘날 교회에서 성령을 잘 볼 수 없는 이유는 우리가 그분의 임무에 충성하지 않기 때문이라고 했다. 우리에게는 선과 악의 영적 전쟁이 치열하게 벌어지는 하늘과 이 땅에서 그분을 알리는 일을 위해 성령이 주어졌다. 하나님과 사탄이 우리를 놓고 격돌을 벌이고 있다.

우리에게는 선과 악의 영적 전쟁이 치열하게 벌어지는 하늘과 이 땅에서 그분을 알리는 일을 위해 성령이 주어졌다.

예수님은 제자들이 마음 안에 성령 없이는 이 땅에서의 삶을 살아갈 수 없다는 사실을 아셨다. 그래서 예수님이 떠나신 후 오순절에 바람을 타고 성령이 오셨다. 성령님은 제자들을 충만하게 하셔서 이전에 평범한 삶을 살아가던 그들이 두려움 없이 설교하고 치유하고 2천년 후 우리에게까지 전해질 복음을 전파할 교회를 세우도록 하셨다. 그들은 성령으로 충만한 보통 사람들이었지만, 하나님의 임무를 달성하기 위해 충성된 자들이었다.

친한 친구가 우간다에 있는 케이티를 만나러 갔다. 분명 케이티가 강력한 인상을 남겼으리라 생각하며 친구가 돌아왔을 때 소감을 물었다. 하지만 친구는 이렇게 말했다. "제니, 케이티는 정말 평범한 아가씨였어. 너도 좋아할 거야. 하지만 정말 평범했어."

케이티는 성령 충만한 보통 아가씨였지만 하나님은 특별한 목적에 그녀를 사용하셨다. 그것은 단순히 케이티가 "네."라고 대답했기 때문이다.

하나님의 성령은 필수적이다. 그렇지 않으면 '무엇이라도' 하겠다는 기도는 땅에 떨어져 아무 의미도 없고, 아무 것도 변화시킬 수 없다.

시작

나는 눈을 감았다. 이번엔 또 다른 혼돈이 내 안에서 소용돌이쳤다. 나는 사랑하는 친구가 숨을 고르는 소리를 듣고 있었다. 친구의 남편은 몇 시간 전 세 자녀와 아내를 두고 떠나고 없었다. 자신이 하나님과 아내를 진정으로 사랑한 적이 없다는 말을 남긴 채. 모든 게 혼돈 그 자체였다.

지금까지 '무엇이라도' 하겠다는 나의 기도에 따른 대가는 그다지 크지 않았다.

친구 카렌이 떠올랐다. 남편이 죽고 카렌은 자신이 하나님께 모든 걸 바치면 그분이 소중한 것을 가져가실까 봐 두려워하고 있었다. 막내아들을 데리러 르완다의 고아원에 갔을 때 새 부모가 낯설어 차에 타지 않으려고 애쓰던 아이들도 생각났다.

하나님은 이혼과 고통을 미워하시며 죽음도 미워하신다. 이런 것들은 하나님의 적이지 결코 그분이 바라시는 게 아니다. 아직 이야기가 끝난 것이 아니다. 작은 화살로 모든 싸움에 나갈 수는 없다. 하나님은 임무 완수를 위해 이 세상을 움직이시고 하나님의 사람들을 대피시키시고 그분의 왕국을 세우시고 적들이 입힌 상처에서 우리를 회복시키고 계시다.

이런 말을 쓰는 것조차 두렵지만, 만일 하나님이 내 아이들 중 한 명이나 남편에게 죽음을 허락하신다면, 내가 암에 걸린다면, 모든 걸 잃고 파산한다면 내가 했던 기도를 취소하고 싶어질까. '하나님을 위해 모든 걸 하겠다고 말하지 말았어야 해.' 라고 후회하게 될까.

댈러스에서 유명한 맷 챈들러 목사님은 뇌종양 투병과정을 사람들과 나눴다.[9] 그분은 암에 걸리기 전부터 하나님께 완전히 순종한 사람이다. 목사님이 전하는 설교와 근황을 통해 사람들은 그럴 듯한 핑계가 있음에도 하나님을 향한 목사님의 눈빛이 계속 반짝이는 걸 볼 수 있었다. 무슨 일이 일어나도 목사님은 건재할 것이다. 목사님은 이 땅에서 최악의 일이 일어난다 해도 영원과 비교한다면 그저 순간에 지나지 않음을 알고 있었다. 그분은 천국에 대해서만 설교하지 않았다. 자신의 가정과 소망, 죽음에 직면해서도 여전히 빛나는 눈을 보여줬다.

이보다 더 나아간 분이 있다.

요 17:24 “아버지여 내게 주신 자도 나 있는 곳에 나와 함께 있어 아버지께서 창세 전부터 나를 사랑하시므로 내게 주신 나의 영광을 그들로 보게 하시기를 원하옵나이다”.

이 말씀을 하신 다음 날, 예수님은 역사상 가장 잔인한 방법으로 죽임 당하셨다. 하지만 그날 밤 아버지께 이렇게 기도하는 예수님의 눈빛 아래 두려움은 없었다.

그 비밀을 우리에게 알려주시려는 듯 예수님이 아버지께 속삭였다.

“이 죽음은 가치 있는 일입니다. 그들이 우리와 함께 있어 영광을 볼 때까지 기다려 주세요. 이 모든 일과 고통이 끝나고 우리가 하늘에게 영원히 함께 있을 때까지. 조금만 기다려 주세요.”

우리가 눈을 감는 그때 그날은 올 것이고 더 이상 혼란도 없을 것이다. 그때는 하나님을 기억하도록 설교하거나 책을 쓰는 사람은 아무도 없을 것이다. 우린 천국에서 그분과 함께 영원히 살게 될 테니.

우리가 내려놓은 ‘무엇이라도’ 예수님의 빛 아래선 아무것도 아니다.

영원의 빛 아래서. 하나님의 빛 아래서.

::00

당신의 '무엇이라도'

우리 앞 세대들처럼 우리도 우리 가운데 하나님이 움직이시는 것을 볼 수 있는 기회가 있다고 믿는다. 고개를 들어 하나님의 마음을 살피는 방법으로 순종이 있다. 하나님은 우리의 순종을 기다리시고 사람들을 찾고 그들에게 부어주신다. 나도 그 중에 한 명이었으면 좋겠다.

대하 7:14 "내 이름으로 일컫는 내 백성이 그들의 악한 길에서 떠나 스스로 낮추고 기도하여 내 얼굴을 찾으면 내가 하늘에서 듣고 그들의 죄를 사하고 그들의 땅을 고칠지라".

'무엇이라도' 하겠다는 기도는 말이나 무모한 희생에 그치는 게 아니다. 그 기도는 한 사람을 사랑하는 데서 시작된다.

고전 13:3 "내가 내게 있는 모든 것으로 구제하고 또 내 몸을 불사르게 내줄지라도 사랑이 없으면 내게 아무 유익이 없느니라".

예수

순종의 기도는 예수님을 통해 온 우주의 하나님과 교제를 하는 데서 시작된다. 요 14:6 "내가 곧 길이요 진리요 생명이니 나로 말미암지 않고는 아버지께로 올 자가 없느니라".

우리가 하나님보다 더 사랑하는 모든 걸 내려놓는 것은 시간이 걸린다. 욕실 바닥에 엎드려 하나님께 순종하기까지는 30년이 걸렸고 지금도 매일 순종하기로 결단해야 한다.

기도

우리의 이야기는 순종의 기도를 드리기 훨씬 전부터 시작됐다. 우리가 내뱉은 기도는 순종의 과정 중에 지극히 일부일 뿐이다. 물론 아주 중요한 단계다. 하나님은 우리의 삶을 이끌어 달라는 초대를 받고 싶어 하신다. 진정으로 하나님 앞에서 "이제 저는 당신 것입니다. 무엇이든 하셔도 좋습니다."라고 말하는 그 순간을 기다리신다. 대담하고 아름다운 변화다. 그분의 뜻이 펼쳐지는 동안 매일의 삶에서 기도를 실천하려고 노력하는 것은 좀 더 강력한 응답을 받게 된다. 우리가 어디로 가서 우리의 삶과 재능과 자원을 사용하기 원하시는지 그분께 여쭤보자.

하나님의 음성

하나님은 가장 먼저 성경을 통해 말씀하신다. 가난한 자들과 고아를 도우라는 말씀을 수십 번 읽지 않았다면 입양으로 이끄시는 성령님의 목소리를 듣지 못했을 것이다. 예수님이 나를 사랑하셔서 그분의 목숨과 바꾸신 사실이 나에게 확실하게 다가오지 않았다면, 다른 사람에게 예수님처럼 하려고 노력하지 않았을 것이다. 우리는 말씀을 통해서 하나님이 어떤 분이신지 알게 된다. 그러니 꼭 성경을 읽어야 한다. 성령님의 인도하심은 언제나 성경 말씀과 연결되어 있다. 우린 요 4:24 "영과 진리로" 하나님과 함께 걸을 수 있다. 어느 한 쪽 없이는 하나님과 함께할 수 없다. 그것은 사탄의 영이거나 죽은 신앙이다.

따라서 우린 말씀을 읽고 공부하고 찾고 기도해야 한다. 그런 후 하나님께 인도하심을 구하면 된다. 우리가 어떤 일에 인도되고 있음을 느낄 때 실제로 목소리를 듣는 것은 아니다. 우리 영의 이끌림, 진실을 마주했을 때 갈망하는 마음 같은 것으로 인도된다. 그렇더라도 막연하고 부드럽고 이상하게 조용하다. 금세 분명해질 때도 있지만 때론 하나님과 씨름하며 몇 개월을 보낼 때도 있다. 하지만 하나님은 계속 말씀하신다. 우리를 이 땅에 보내신 분명한 목적이 있기 때문이다. 우리가 그분의 목소리를 듣지 않으면 그 목적들은 이룰 수 없다.

연합

같은 임무를 가진 사람들과 연합하자. 우린 서로 서로 필요한 존재로 지음 받았다. 혼자서 온전히 순종하고 하나님을 따르긴 불가능하다. 함께 싸워줄 형제, 자매들과 연합하도록 지음 받았다. 교회를 찾아서 성경공부 모임 등으로 교제를 시작해 창의적으로 일하자. 단, 우리를 발전시키고 우리의 임무를 기억하고 그대로 살도록 돕는 사람들을 찾자. 의도적으로 그런 사람들을 찾아야 한다.

순종

그분이 말씀하신 것이면 무엇이든 하자. 니느웨로 가지 않고 도망친 요나처럼 우린 순종하기 전까지 비참한 도망자의 삶을 살게 된다. 순종이 어렵고 희생이 따르지만 그만큼 가치 있는 것은 없다. 얼마나 희생이 따르든 순종의 결과로 하나님을 신뢰해야 한다. 그분은 그럴 만한 분이다. 모든 것을 포기해도 될 만한 그런 분이다. 우린 스스로의 원칙에 그분을 가둬 둔다. 하지만 하나님 외에 다른 것으로 영혼을 채우려 한들 상황은 더 악화될 뿐이다. 하나님이 내 안에서 나를 새롭게 하시며 내 머리와 영혼의 문제를 해결하신다. 그분의 자비는 이야기 내내 이어진다. 하나님은 살아 계시며 나의 순종을 받으실 만하다.

"나라가 임하시오며 뜻이
하늘에서 이루어진 것 같이
땅에서도 이루어지이다"

(마 6:10)

에필로그

나는 혼자서 나를 구원하지 못했을 것이다. 너무 이기적이고 자부심 강하기 때문이다. 그분의 자비가 없었다면 나는 하나님을 아는 척만 하며 살아왔을 것이다. 그분은 어느 여름밤 수련회 캠프파이어에서 나에게 들어와 나를 구하셨다.

하나님, 당신은 갑자기 나타나셨어요. 십자가 앞에서 제 영혼으로 들어오셨죠. 주님은 우리가 사명을 감당하도록 이끄셨고 당신을 따를 힘을 주셨죠. 하나님의 이름이 알려지도록 말씀을 주시려 나타나셨죠. 그렇게 하는 데 아주 보잘 것 없는 믿음만 필요했다는 게 얼마나 놀라운지요.

하나님, 당신을 위해, 그리고 당신 때문에 이 책이 존재하는 것입니다. 모든 영광을 홀로 받으소서. 그리고 저처럼 보잘 것 없는 사람과 이 책을 통해 주님의 이름이 전해지기를 기도합니다.

누군가 나에게 주님에 대해 얘기해주지 않았더라면 나는 결코 하나님을 몰랐을 것이다.

어머니, 아버지, 감사해요. 하나님에 대해 말씀해주신 것뿐 아니라 저를 키우는 헌신을 통해 그분을 저에게 보여주신 것에 대해 감사드려요. 두 분은 허수아비 하나님을 섬기지 않으셨죠. 하나님은 두 분에게 임재하셨고 그분은 자신을 아는 모든 이들에게 축복을 주셨어요.

누군가 내 손을 잡고 말하지 않았더라면 나는 '무엇이라도' 하겠다는 기도를 하지 않았을 것이다.

고마워요, 여보. 나를 이끌어주고 사랑해주고 하나님의 이름을 알리는 이런 불편한 곳으로 등 떠밀어준 것에. 책을 쓰리라고 생각도 못했지만 당신이 격려해줬죠. 나를 이렇게 하나님께 쓰임 받게 해준 당신의 겸손과 용기에 대해 하나님께서 크게 축복하시길.

누군가 나를 믿고 내 삶에서 하나님의 도우시는 손길을 보지 못했더라면 나는 결코 책을 낼 수 없었을 것이다.

제시카 테일러, 이 책이 세상 밖에 나오리라곤 감히 상상할 수 없던 수많은 불면의 밤을 당신은 내 곁에서 묵묵히 도와줬죠. 스티브 롭, 당신은 사이먼 코웰(영국 음악 프로듀서로 오디션 프로그램에서 독설을 날리는 것으로 유명하다.)의 냉소로 항상 무언가를 발견해냈죠. 처음 저를 믿고 제 출판 대리인이 돼 주었어요. 데비 윅와이어, 감자칩과 인칠라다를 먹으며 저에게서 가능성을 봐주었고, 그 이후로 엄청난 희생으로 울며 잠을 설쳐가며 저를 도왔죠. 자비의 하나님께서 친구이자 멘토인 당신 같은 편집자를 만나게 해주셨어요. 당신이 아니었다면 이 책은 나오지 못했을 거예요.

책이 세상에 나오도록 애써준 분들께도 감사를 드린다.

처음 토마스 넬슨 사에 갔을 때 사람들이 가득한 회의실로 들어갔죠. 20명도 넘는 사람들이 있어서 긴장됐죠. 회의는 저에게 서사시처럼 길고 어려웠어요. 인생이 바뀌는 순간, 이후 몇 개월 동안 계속해서 생각이 나면서 꿈처럼 느껴지는 그런 경험이었죠. 그날 넬슨의 스태프들은 저를 보면서 말했어요. "당신이 꿈꾸는 것 모두를 저희도 이뤄 나갔으면 좋겠어요." 그 같은 순간은 꿈처럼 느껴지죠. 스태프들은 언제나 그렇게 대해줬어요.

그날 회의실에서 여러분들이 약속했던 별과 달들…. 그날 이후 여러분은 저에게 매일 별과 달을 선사해줬어요. 여러분이 함께하는 일에 하나님께서 강력하게 역사하시길 기도합니다.

주

part 1

1. A.W. Tozer, The Knowledge of the Holy (New York: HarperOne, 1978), 1
2. "How Deep the Father's Love for Us" Stuart Townsend.
3. Charles Swindoll, The Grace Awakening (Nashvill: Thomas Nelson, 2003), 79-80.
4. Oswald Chambers, http://www.brainyquote.com/quotes/aurhors/o/oswald_chambers.html
5. Tim Keller, "CounterFeit Gods" (speech given at the 2010 Gospel Coalition Conference, March 7, 2010), http://thegospelcoalition.org/resources/a/counterfeit_gods.
6. Ibid.
7. Sermon and resources available at www.thedevilisreal.com
8. Rick Riordan, The Lightning Thief (New York: Hyperion Books, 2011), paraphrased.

part 2

1. Katie Davis, "Well Since You Asked," Kisses from Katie (blog), April 2, 2009, http://kissesfromkatie.blogspot.com/2009/04/well-since-you-asked.html.
2. Davis, www.kissesfromkatie.blogspot.com.

3. Todd Harper, “Our Contract with God: An Interview with Bill and Vonette Bright,” http://library.generousgiving.org/articles/display.asp?id=123.
4. Jennie Allen, “Revival,” Wrestling with the Invisible (blog), April 20, 2009, http://jennieallen.com/uncategorized/revival/.
5. Paul Dwight Moody and Arthur Percy Fitt, The Shorter Life of D.L. Moody (1900: repr., Charleston: Nabu Press, 2010). 41.
6. William Revell Moody, The Life of Dwight L. Moody (1900; rept., Charleston Forgotten Books, 2010, 134).
7. Jim Elliot, The Journals of Jim Eilliot, ed. Elisabeth Elliot (1978; rept., Grand Rapids: Revell, 2002, 174).
8. A. W. Tozer, The Pursuit of God (1957; rept., Camp Hill, PA: WingSpread, 2007), 97.
9. Jennie Allen, “Falling into Grace,” Wrestling with the Invisible (blog), September 28, 2010, http://jennieallen.com/writing/falling-into-obedience/.
10. Oswald Chambers, My Utmost for His Highest: An Updated Edition in Today’s Language (Grand Rapids: Discovery House, 1992), 16, emphasis added.
11. Ibid., 17, emphasis added.

part. 3

1. John Piper, "The Centrality of the Glory," desiringGod (blog), November 4, 2009, http://www.desiringgod.org/blog/posts/the-centrality-of-the-glory-of-god.
2. Tyler Merrick, (Tweet), July 8, 2011, http://twitter.com/#!/tylermerrick/status/85765980932710400.
3. Henri J. M. Nouwen, Reaching Out (New York: Doubleday, 1986), 16.
4. Jennie Allen, "Curtains and Cute Lives," Wrestling with the Invisible (blog), August 6, 2009, http://jennieallen.com/uncategorized/curtains-and-cute-lives/.
5. Jennie Allen, "Behind the Scenes of My Life," Wrestling with the Invisible (blog), April 15, 2010, http://jennieallen.com/uncategorized/behind-the-scenes-of-my-life/.
6. Philip Gourevitch, We wish to Inform You That Tomorrow We Will Be Killed with Our Families (New York: Picador, 1999).
7. C. S. Lewis, God in the Dock (Grand Rapids: Eerdmans, 1994), 101.
8. Kaj Munk, as quoted by Shane Claiborne in The Irresistible Revolution (Grand Rapids: Zondervan, 2006), 294, emphasis added.
9. Matt's blog entries can be found at http://fm.thevillagechurch.net/blog/pastors/. See also http://mobile.twitter.com//MattChanler74.

What is your
anything?